U0449225

中国经济 2025

稳预期、促消费与扩内需

刘世锦 黄奇帆 黄汉权 等 著
朱克力 主编

中信出版集团 | 北京

图书在版编目（CIP）数据

中国经济 . 2025：稳预期、促消费与扩内需 / 刘世锦等著；朱克力主编 . -- 北京：中信出版社 , 2025.2（2025.4 重印）. -- ISBN 978-7-5217-7401-6

I . F12

中国国家版本馆 CIP 数据核字第 2025Z5P953 号

中国经济 2025——稳预期、促消费与扩内需
著者： 刘世锦　黄奇帆　黄汉权　等
主编： 朱克力
出版发行：中信出版集团股份有限公司
（北京市朝阳区东三环北路 27 号嘉铭中心　邮编　100020）
承印者： 河北鹏润印刷有限公司

开本：787mm×1092mm 1/16　印张：18.5　　字数：261 千字
版次：2025 年 2 月第 1 版　　印次：2025 年 4 月第 4 次印刷
书号：ISBN 978-7-5217-7401-6
定价：79.00 元

版权所有·侵权必究
如有印刷、装订问题，本公司负责调换。
服务热线：400-600-8099
投稿邮箱：author@citicpub.com

目录

序篇　以结构性改革扩消费稳增长　/001

● 第一章
守正创新与改革发展

以先立后破推动改革发展再上新台阶　/011
进一步全面深化改革要坚持正确方法论　/019
经济体制改革牵引进一步全面深化改革　/029
构建中国特色的政府与市场关系　/034

● 第二章
宏观经济与预期管理

宏观调控历史演进与供强需弱现实失衡　/043
宏观经济面临的主要问题　/055
宏观政策的是非之辩　/059
10万亿元刺激计划能否换来持续繁荣？　/081

● 第三章
提振消费与扩大内需

- 如何提振消费、扩大内需 / 091
- 以一揽子政策为经济注入强劲内生动能 / 098
- 增量政策的逻辑框架不同于以往 / 109
- 中国经济不需要强刺激 / 113
- 中国如何扩大内需 / 117

● 第四章
科技创新与新质生产力

- 新质生产力的逻辑内涵与实施路径 / 131
- 不转型，死路一条 / 170
- 新质生产力的典型代表：低空经济产业链 / 179
- 中国企业"卷"的背后暗藏经济增长的秘密 / 192
- 坚定发展资本市场信心，推动宏观经济与资本市场的良性互动 / 202

● 第五章
对外开放与区域创新

中国对外开放的五大新特征和五大新任务 / 209
当前中国经济的关键仍是解决一阶问题 / 225
中国经济的超大规模性的形成与金融发展 / 237
重新定位地方政府职能 / 252
"十五五"时期充分发挥市场的决定性作用 / 255

结语 新动能：首发经济、银发经济、冰雪经济…… / 279

序篇

以结构性改革扩消费稳增长

刘世锦

十三届全国政协经济委员会副主任，国务院发展研究中心原副主任

近两年来，中国经济在疫后复苏进程中虽历经波折，但总体上展现出回升向好的态势。然而，宏观经济也面临着总需求水平持续下降的压力。其中一个重要指标——GDP（国内生产总值）平减指数，也就是总体价格水平已连续七个季度呈现负增长态势，这一状况在近几十年从未出现过。鉴于此，中央对当前经济形势予以了高度关注，2024年年底召开的中央经济工作会议更是将提振消费列为九项重点工作之首，此前相关部门也密集出台了一系列扩需求、稳增长的政策举措。2024年10月之后部分数据开始有所好转。

在这样的形势下，我们必须把需求不足所引发的各类问题与需求不足的深层原因加以区别。中国现阶段的消费需求不足，与经济合作与发展组织（OECD）国家大体相同阶段的均值相比，偏差达到1/4~1/3，这不是平均水平上的偏差，而是一种结构性偏差。当我们探讨需求不足这一议题时，必须明确需求不足并非投资不足，实际上在某些领域投资已经呈现过度的态势，真正不足的是消费，尤其是服务消费。因此，我认为现阶段若要扩大消费需求，就必须精准定位重点与关键痛点，主要涵盖以下三个方面：第一，以基本

公共服务为依托，包括教育、医疗卫生、保障性住房、社会保障、文化体育娱乐、金融服务、交通通信等以发展型消费为主的服务消费；第二，以农民工群体为重点的中低收入阶层；第三，以人为核心，推动发展权利平等的城市化和城乡融合发展进程。

究竟是什么因素导致了我国消费的这种结构性偏差？其原因是多方面的。

首先，长期以来我国存在着重投资轻消费的体制机制和政策导向。

其次，我国基本公共服务均等化水平严重滞后。城市居民在近年来忧虑和困扰的是教育、医疗、住房这所谓的"三座大山"，但实际上在这些方面缺口最大的并非城市居民，而是农村居民，特别是近3亿的农民工群体，其中有近2亿的进城农民工。

最后，我国城市化的比重与质量均处于较低水平。在与我国处于相同发展阶段时，经济合作与发展组织国家的城镇化率普遍在70%，甚至在80%以上，而我国目前的常住人口城镇化率仅为66%，户籍人口城镇化率仅为48.3%。[1] 在此，我要着重说明一下城市化水平的重要性。相当一部分消费，尤其是服务消费，与城市化水平有着密切关联，例如教育、医疗和一些文化娱乐服务，如果居住在农村地区或者人口聚集程度较低的县城，这些服务消费的可获取性很低，难以达到较高水平。

此外，从宏观背景来看，我国现阶段的收入差距相对较大。衡量收入差距的基尼系数，一般认为在0.4以下时，收入差距处于较

---

[1] 国家统计局.七十五载长歌奋进 赓续前行再奏华章——新中国75年经济社会发展成就系列报告之一 [OL].[2024-09-09].https://www.stats.gov.cn/sj/sjjd/202409/t20240909_1956313.html.

为合理的范围，而我国前些年的官方统计数据显示，基尼系数约为0.45甚者更高。具体而言，我国目前的中等收入群体规模约为4亿人口，大体占总人口的1/3。这就导致了我国消费市场出现了增长断层的现象，在宏观层面上表现为整体消费动力不足。

为了防止短期内经济出现过快下滑的局面，采取适度规模的刺激措施是必要的。关于这一点，我个人也曾发表过相关见解，但在此我要强调的是，刺激政策并非规模越大越好，因为刺激是需要付出代价的。欧美国家近年来推行量化宽松政策，从财政角度而言，它们也设有财政的中期平衡框架，即要求在数年时间内实现财政收支的平衡。我们实施刺激措施，短期内是为了稳定经济，更重要的是为了给推动一些更为根本性、能够从源头上解决问题的结构性改革争取时间与空间。

所以，我们既要重视刺激政策的短期效应，更要深刻认识到改革的长远意义与紧迫性。不能仅仅关注刺激政策而忽视改革，那种认为改革是一个长期过程、短期内难以见效的看法并不符合实际。事实上，部分改革措施一旦实施，其效果就能够迅速显现，短期内就能产生积极影响。因此，我们必须清晰地理顺刺激与改革之间的关系，运用"刺激+改革"的协同策略，在较短时间内集中精力解决制约消费需求，尤其是服务消费需求的深层次结构性与体制性难题。

关于扩大消费的思路与方法，我们可以借鉴治理污染的理念来进行阐释。

一种方式是末端治理，例如"直升机撒钱"式的发放消费券，也就是在消费水平较低时，直接向社会大众无差别地发放消费券或者现金。这种方式在短期内确实能够起到一定的作用，比如在发放消费券的当月，消费数据可能会出现明显增长，但是，这种增长能否持续？下个月又会怎样？消费券能否精准地发放到低收入阶层手中本身就是一个挑战。即使消费券能够顺利发放到他们手中，他们固然可以用其购买一些商品，然而他们所面临的更为关键的是住房问题、子女教育问题、医疗保障问题、社会保障问题等，发放消费券对这些深层次的难题无济于事。

另一种方式是中端治理，比如在处理债务负担问题时，由于大量债务是向银行借贷形成的，如果将刺激性资金直接用于偿还债务，那么相当一部分资金将会回流到银行体系，而银行要把这些资金贷出去也是有难度的。当然，在债务化解过程中，有一部分资金能够用于解决企业拖欠的费用，其中部分资金会转化为员工工资，从而在一定程度上带动消费，但是这种带动效应的规模究竟有多大是不确定的。当相关机构的债务负担减轻、需要重新推动增长时，很有可能会再次选择扩大投资、上马大型项目的传统路径。如此一来，我们就会发现投资规模持续扩大，而消费状况却依然没有实质性改善，这将导致供需矛盾进一步加剧。

那么，究竟什么样的方式才更为有效？我认为应当采取源头治理的办法，即将资金重点投入能够最大限度扩大消费，尤其是服务消费需求效应最为显著的人群与环节之中。并且，这不仅仅是一次性简单救助，而是"花钱建新制度"，形成一种长期可持续、能够有效解决我之前所提及的消费结构性偏差的制度性安排。这才是解决问题的根本之道。

从改革的视角出发，依据二十届三中全会所提出的重要精神，我们需要深入学习并切实将其贯彻落实。在完善市场经济基础制度方面、推动中央与地方财政关系改革方面、加强农民工基本公共服务保障方面以及深化农村土地制度改革方面,二十届三中全会均提出了众多具有针对性的改革要求与部署。当前的关键是如何将这些改革举措真正落到实处。基于此,我认为在扩大消费需求,特别是服务消费领域,可以着力推动以下三个方面的结构性改革。

第一,以扩大中央政府基本公共服务均等化事权为切入点,全面加强社会保障体系建设,并提升人力资本水平。

在中央与地方基本公共服务事权划分方面进行合理调整与优化。诸如养老医疗保障的第一支柱(即基础部分),以及义务教育范围的拓展(如当前正在探讨的是否将其扩大至高中教育阶段)等事项,应当划为中央政府事权。而社会保障的其他方面(比如养老医疗保障的第二支柱和第三支柱)、保障性住房建设、教育培训等则可主要由地方政府负责。

具体而言,应当大力提升以进城农民工为主体的新市民群体在保障性住房、教育、医疗、社保、养老等基本公共服务领域的保障水平。例如,继续推进政府收购滞销住房,并将其转化为保障性住房,然后以租赁或者出售的方式提供给新市民。

农民要由进城打工者转为在城市家庭团聚、安居乐业。增加保障房供应可以扩大房地产的有效需求,住房改善可以带动装修、家具、家电等消费,家庭团聚可以带动教育、医疗、养老等需求,完善社保可以降低后顾之忧、降低预防性储蓄。与此同时,适当降低个人和企业缴费水平,减轻企业和个人负担,可以促进企业增加投入、个人扩大消费。相应减少地方政府基本公共服务事权,可以缩小其事权财权不平衡缺口。

与此相关的一个重要问题是如何充实社保基金。可以考虑从当前的刺激计划资金中拨出一部分,专项用于低收入阶层养老金的发放。我国目前城乡居民基本养老保险覆盖的人口总数接近 5.5 亿，其中 95% 为农村居民。实际领取养老金的人数约为 1.7 亿，人均每月养老金仅有 200 多元。① 如果从当前的刺激计划中拿出 1 万亿元资金，专门用于提高这 5.5 亿人的养老金待遇，那么按一年的周期计算，这部分人的人均养老金水平可从目前的 200 元左右大幅提升至 500 元左右。

更重要的是，应抓紧探索成立较大规模的国有权益资本划拨低收入阶层的社保基金。从理论上说，国有资本在某种意义上可以看成全国人民的社保基金。2023 年，国有资本权益总额 102 万亿元，国有金融资本权益总额 30.6 万亿元，两项合计 132.6 万亿。② 可以考虑分步稳妥地把较大规模的国有金融资本划拨到城乡居民基本养老保险，减少居民缴费，提高居民养老金收入，在一个不太长的时间内，明显缩小与城镇其他群体的养老金收入差距。城乡居民低收入阶层预防性储蓄高，同时边际消费倾向也高，把国有资本划拨低收入人群养老保险，将会把大量预防性储蓄转化为现实的消费能力，直接增加消费需求。

从国际经验看，典型发达经济体都经历过这一转变。这是超越"罗斯福新政"的国家治理体系和治理能力现代化的重大进展，也是社会主义国家集中力量办大事的重要体现；争取用 5~10 年时间，逐步缩小并基本消除城乡之间、城市内新老市民之间在基本公共服

---

① 中华人民共和国人力资源和社会保障部.2023 年度人力资源和社会保障事业发展统计公报[OL].[2024-06-17].https://www.mohrss.gov.cn/xxgk2020/fdzdgknr/ghtj/tj/ndtj/202406/t20240617_520366.html.

② 国务院关于 2023 年度国有资产管理情况的综合报告——2024 年 11 月 5 日在第十四届全国人民代表大会常务委员会第十二次会议上[OL].[2024-11-06].http://www.npc.gov.cn/npc/c2/c30834/202411/t20241106_440618.html.

务水平上的差距，实现基本公共服务在适宜水平上均等化的目标。

第二，以城乡接合部农村土地市场化改革为突破口，推动城乡之间人员、土地、资金等要素双向流动、融合发展，带动中国的第二轮城市化浪潮。

在城乡接合部开展城乡居民土地权利均等化、土地资源市场化配置利用的改革试点，在符合土地用途和建设规划的前提下，允许农村宅基地在集体组织之外流转，允许小产权房以合理方式进入市场，允许城乡居民入市交易。形成可行做法和经验后在更大范围内推广。同时试点开征房地产税，作为地方税制改革突破口，在增加农民财产性收入的同时，为提升农村居民社保水平筹措资金。农民可以进城，城市居民可以下乡，给城乡居民双向创业就业置业以更大空间。

以这一改革为牵引，加快都市圈范围内中小城镇建设，进而形成中国的第二轮城市化浪潮。我国城市核心区建设已达到较高水平，还出现了一定程度的拥堵。从国际经验看，城市群、都市圈范围内的核心城市通常占城市人口的30%左右。核心城市之外的中小城镇还有巨大的发展空间，可容纳60%以上的城市人口，其中少部分是原有城市疏解人口，大部分是农村和其他城市的流入人口。这一区域也适合制造业和中低端服务业的集聚，基建和房地产还有一定的增长空间。

通过提高城镇化的比例（达到75%以上）和质量（缩小以至消除城乡居民基本公共服务水平），力争用10年左右的时间，实现中等收入群体倍增的目标，由现阶段4亿人口增长到8亿~9亿。提出并推进实现这一目标，对延长中速增长期，打破需求约束对经济增长的不利影响具有重要意义。

第三，以调整经济活动中所有制属性界定范围为突破口，促进社会主义市场经济基础制度的创新完善，创造更多的较高收入就业机会。

适应现代企业和市场环境的变化，调整经济活动中所有制属性的界定范围，从企业层面退出，回归投资者层面。具体地说，投资者（企业出资人）可以划分为中央国有投资者、地方国有投资者、机构投资者、个人投资者、境外投资者等。企业不再按照所有制分类，而是按照规模（大、中、小等）、行业（工业、服务业等）、技术特点（劳动密集、技术密集等）等分类。

这一调整符合现代企业制度的演化规律，符合现阶段我国企业和市场发展的实际状况。在真实的市场经济中，要找到纯粹的国有企业或民营企业越来越困难，不同形态的混合所有制成为常态。

现代企业中，出资人提供的资金，只是企业投入的多种要素（还有劳动力、土地、技术、管理、数据等）中的一种，把多种要素组合起来形成竞争力的是企业家。按所有制划分企业，把出资人摆到企业的首位，低估了企业家的功能，不利于认同、尊重、保护企业家在企业发展和创新中的核心地位和关键作用。

这一调整应成为完善社会主义市场经济基础制度的重要突破口，带动促进各种所有制投资者平等保护、各类企业平等发展的体制机制政策和行为规范调整，有利于形成创新的长期预期，并带动创新驱动的能力建设。同时，这也有助于各类企业的公平竞争，促进技术进步，提高附加价值，创造更多的高质量就业机会和较高收入的就业岗位，进而全面提高劳动者收入水平，为稳定持续扩大消费打牢基础。

第一章

守正创新与改革发展

以先立后破推动改革发展再上新台阶①

黄奇帆

中国国家创新与发展战略研究会学术委员会常务副主席，重庆市原市长

坚持稳中求进、以进促稳、先立后破是当前乃至今后一个时期我们推进改革的重要方略，也是多年来实现经济快速发展和社会长期稳定这"两个奇迹"的成功经验。在当前错综复杂的国内外环境下，对一些领域有针对性地采取"先立后破"的改革举措，是推动经济运行全面向好、实现高质量发展的重要着力点。尤其是房地产、地方债和资本市场这三个领域，从稳定经济增长、防范和化解风险的角度看，更需要突出强调"先立后破"的改革思维。

尽快"立"起三件事

当前，进一步推动经济回升向好需要克服一些困难和挑战。根据中央经济工作会议的分析，主要是有效需求不足、部分行业产能过剩、社会预期偏弱、风险隐患仍然较多，国内大循环存在堵点，外部环境的复杂性、严峻性、不确定性上升等不利因素。破解当前

---

① 本文发表于 2024 年 3 月第十二期的《瞭望》周刊——编者注

的经济困境,关键在于"先立后破":一方面寻找新的经济增长点,另一方面要以改革的办法化解经济运行系统性风险。从长远看,有三件事需要尽快"立"起来。

一是供给和需求两侧发力,稳定经济增长势头。当前,传统经济增长模式已经难以为继,迫切需要转换经济增长动能。二十大报告明确要求,把实施扩大内需战略同深化供给侧结构性改革有机结合起来。这个结合点有很多。比如汽车消费,我国汽车年销量虽然高居全球第一,但多年徘徊在2 700万辆左右。未来十年我国人均GDP按当前价格计算有望突破2.2万美元,千人汽车保有量完全有潜力超过500辆,年销量完全有潜力超过4 000万辆,新增1 300万辆。按照当前我国乘用车每辆15万元左右的均价计算,新增内需约2万亿元。汽车特别是新能源汽车消费的增加,可以倒逼大城市扩大道路、停车场、充电桩、储能等基础设施建设,进一步巩固提升我国汽车等装备制造业的全产业链优势。事实上,我国4亿多中等收入群体对中高端产品和服务消费的需求规模非常可观,但有些需求长期得不到有效释放,很大程度上源于我国在中高端产品和服务领域存在供给抑制政策,导致供给能力增长受限,使得本就存在的有支付能力的庞大有效需求得不到满足。因此需要尽快梳理那些抑制消费的政策障碍,推动有效需求尽快释放,加快形成新的增长引擎。

二是建设全国统一大市场,畅通国内国际双循环。近年来,我国发展面临的外部环境日趋复杂。对此,以习近平同志为核心的党中央提出构建新发展格局的重大战略。新发展格局的基本含义有三:一是内循环要畅通,形成全国统一大市场;二是高水平开放,以内外贸一体化、制度型开放、高质量共建"一带一路"等进一步拓展外循环的广度和深度；三是内外循环要相互促进，以超大规模市场的"引力场"效应来吸引集聚全球资源要素，破解各种脱钩断链的图谋。因此，需要尽快建设全国统一大市场，进一步培育和激发超大规模市场红利，因为中国的超大规模市场会给制造业带来科研开发、生产制造、采购物流、营销推广、劳动用工五个方面成本的降低，进而为跨国公司形成"产地销""销地产"的产业组织优势。

但是，建设全国统一大市场仍面临四个方面的障碍和问题：一是地区间竞争产生的市场分割效应；二是城乡二元结构制约了商品要素无障碍流通；三是部分领域行政配置资源的色彩仍然浓厚；四是内外贸体制割裂。未来，随着中国参与的自贸协定越来越多、标准越来越高，中国与国际大循环的交易成本将趋于下降。若国内市场还是分割的、低效的，要素资源在地区之间、行业之间自由流动的成本较高，就失去了开放的意义。换言之，做好国内市场的功课是我们更好参与国际大循环、国际竞争，形成吸引集聚全球要素资源引力场的根本所在，是要尽快"立"起来的重要领域。

三是加快发展新制造、新服务、新业态，培育新质生产力。当前，新一轮科技革命和产业变革浪潮汹涌，中国正由跟跑向并跑和领跑转变，已经步入创新型国家前列。但基础研究投入不足、原始创新成果不多、企业创新主体地位不显、创新链条不畅等突出问题依然存在，亟须深化改革，加快培育新质生产力。所谓新质生产力，不是那些普通的科技进步，不是边际上的改进，而是要有颠覆性的科技和产业创新。这种创新体现在新制造、新服务和新业态上。一是发展新制造，要以发展战略性新兴产业和培育未来产业为重点，开发新技术，应用新工艺，发明新工具，引进新要素，创造新函数。

要以这些新制造推动生产可能性曲线实现新的拓展和跃迁。二是发展新服务，重点发展生产性服务业和做强做优做大服务贸易。三是发展新业态，重点在于推动构建产业互联网，即依托互联网的平台和各种终端，根据消费者偏好实现小批量定制、大规模生产、全产业链贯通、全球化配送，进而形成以客户为中心的全产业链紧密协作的产业集群，实现以销定产、以新打旧、以快打慢。这种集技术革命性突破、生产要素创新性配置、产业深度转型升级于一体的先进生产力是我们当下应对各种风险挑战的根本保证。

"先立后破"的三个重点领域

从稳定经济增长、防范和化解风险的角度看，有三个领域需要突出强调"先立后破"的改革思维。

多措并举稳住市场，推动房地产发展模式变革

2023年，全国房地产开发投资110 913亿元，同比下降9.6%，其中住宅投资83 820亿元，下降9.3%；房地产开发企业到位资金127 459亿元，同比下降13.6%。[①] 房价目前总体上仍保持相对稳定，未出现大幅下跌，但房地产市场潜藏的风险不容忽视。因此，要促进房地产市场平稳健康发展，就绝不能任由房地产泡沫自生自灭，而是要"先立后破"。

"立"，即多措并举稳住房地产市场，不使行业风险蔓延至金融

---

① 国家统计局.2023年全国房地产市场基本情况[OL].[2024-01-17].https://www.stats.gov.cn/sj/zxfb/202401/t20240116_1946623.html.

等其他领域。目前我国房地产市场面临一个结构性矛盾：一方面，大量房产商过去高杠杆拿地，超需求规模的建设出现了相当大规模的库存积压。大规模的库存积压造成大量房地产企业资金断裂，从而造成房价大幅下降。相当部分楼盘甚至成了烂尾楼，一些头部房企也面临生存压力，导致风险外溢；另一方面，2022 年年底我国农民工超 2.95 亿人[①]，2022 年新毕业大学生 1 076 万人[②]，住房的需求仍然较大，根据相关规划，政府需要大规模建设保障房、人才公寓。在这方面，可以由政府推出 3~5 万亿元规模的资金，用于回购房产商手中库存的商品房，作为公租房一类的保障房，作为解决大学毕业生毕业后的人才房、进城农民工的公租房。一座城市，保障房和人才公寓加起来的面积至少要达到全部住房面积的 20% 左右。

"破"，即推动房地产发展模式变革。近年来，由于种种原因，在房价快速上涨的过程中，房地产企业形成了高杠杆拿地、高杠杆经营、通过预售等方式快速变现的商业模式，俨然成了"类金融机构"。一旦房价到顶，行业风险就大规模暴露。对此，中央提出建立房地产发展新模式。个人理解这一新模式应包含以下几方面内容：一是控制房地产企业自身的杠杆率，原则上房地产企业的资产负债率不得超过 70%；二是房地产企业不能"背着银行炒地皮"，即确保拿地资金是自有资金，不能是银行贷款；三是改革现行按揭和预售制度，将现有"按揭后即月供"的做法改为"不交楼、不月

[①] 国家统计局.2022 年农民工监测调查报告 [OL].[2023-04-28].https://www.stats.gov.cn/sj/zxfb/202304/t20230427_1939124.html.
[②] 围绕促进高校毕业生就业工作介绍"我为群众办实事"实践活动成效 [OL].[2021-12-28]. http://www.moe.gov.cn/fbh/live/2021/53931/.

供"，以压实银行监管责任；四是在对房地产市场有效托底的基础上，放开现行的各种限购政策。用这些措施逐步建立房地产业发展长效机制。

发行超长期国债，破除依靠城投公司补充地方财力的发展模式

近年来，土地市场遇冷，房企销售承压，地方政府财政收入减少；加上三年疫情冲击影响，地方债务风险持续累积，成为经济中的"灰犀牛"。从还债期限看，近年来地方政府债和城投债进入偿债高峰，目前已有少数地方的城投债出现了违约。地方债风险如果持续发酵蔓延，不仅会拖累地方金融机构，也会恶化营商环境，挫伤各方面的经济预期和积极性，因此针对地方债风险也有一个"先立后破"的问题。

"立"，发行超长期国债，收购地方近年超前建设的跨地区基础设施资产。多年来，按照基础设施适当超前的原则，各地方政府为发展本地经济、改善投资环境，纷纷举债开展大规模基础设施建设。在目前地方债存量中，有一大部分是因兴建道路、桥梁、水利等形成的债务。客观上，这些设施现在修要比未来修更加划算，而且因其经济外部性和收益跨周期的特征，有关债务应视情况由中央和地方政府共同承担。比如，对于跨省跨地区的基础设施可由上一级政府来承担，但由于我国政府间财政体制上财力与事权不匹配，一部分资金不得不通过地方政府城投公司融资筹集。对此，鉴于中央政府杠杆率仍有加力空间，可考虑发行超长期国债，重点收购这些跨地区基础设施资产，解决城投公司偿债流动性不足的问题，遏制地方债务风险蔓延。

"破"，破除长期以来依靠城投公司解决地方基础设施建设和公共财力的发展模式。城投公司作为融资平台是我国特定历史阶段的产物。客观上，城投公司为补充地方政府财源、建设基础设施、开发产业园区提供了重大支持，但也带来了隐性债务无序扩张、软化地方财政约束等弊病。未来，要着力推动两方面改革。一方面，继续开前门，即允许地方政府发行市政债，由市政债逐步替换城投公司隐性债务。市政债的发行有两个前提条件：一是披露地方债（隐性加显性）的实际规模；二是发行要经过地方人大审批，以此来推动各地积极稳妥地化解债务。另一方面，随着市政债的发行，逐步剥离城投公司地方融资平台功能。如此，将地方政府的债务纳入透明化、法治化、规范化的轨道。

堵住资本市场制度性漏洞，加快畅通科技—产业—金融良性循环

在房地产市场短期内难以挑起大梁的背景下，资本市场应该挺起来。股市如果能尽快振作起来，一则拓宽了大量科创企业的融资渠道，有利于培育经济新动能；二则其财富效应会对消费、投资形成一连串刺激效应，进而对宏观经济产生推动作用。当前，资本市场的问题非一日之寒，标本兼治也需要"先立后破"。

"立"，即通过系统性改革资本市场基础制度，正本清源，加快畅通科技—产业—金融良性循环。有几个基础性制度需要建立。一是健全退市机制。截至2022年年底，我国上市公司有5 079家[1]，退市的却没几个。2023年2月1日股票发行注册制全面实施后，要配套实施严格的退市制度。不能一边不停地批量上市，另一边一

---

[1] 《中国上市公司健康指数报告（2023）》发布：上市公司整体质量、结构和生态显著改善[OL].[2023-09-22].http://finance.people.com.cn/n1/2023/0922/c1004-40083550.html.

些僵尸企业却无法退市。随着股票发行注册制的实施加上退市制度的完善，应实现首发上市的数量与退市的数量大致协调均衡，这样才不至于劣币驱逐良币。二是健全回购制度。鼓励上市公司回购并注销本公司股票，这是成熟资本市场上市公司激励投资者信心的常规手段。我国公司法经修改后虽然允许回购，但注销制度尚未形成刚性要求。"有回购、无注销"，是投资者对上市公司信心不足的一个重要原因。三是健全长期资金进入资本市场的通道。进一步扩大包括各类养老金在内的社会保险资金入市的比例，为资本市场的持续稳定发展提供充足的资金支持。建议进一步推广企业年金制度，并健全企业年金的投资体系。

"破"，即严刑峻法，对造假欺诈、内幕交易、操纵市场行为零容忍，堵住不法分子将资本市场当作提款机的漏洞。一是加强对上市公司大股东的监管。遏制大股东高位套现、减持股份的行为，重点监管那些通过利益相关人"暗度陈仓"的减持行为；防范大股东大比例股权质押，顺周期高杠杆融资发展、逆周期股市跌破平仓线、踩踏平仓造成股市震荡的问题。二是加强对资本市场中介机构的监管。一方面，凡财务造假、产品造假以及企业行为危害公共安全、触及刑法的，由监管者勒令退市；另一方面，对为这些上市公司提供审计、财务、法律等服务的会计师事务所、律师事务所实行连坐。凡是出现造假、欺诈等行为，相关中介机构一律问责。

总之，要通过上述"先立后破"，在稳住经济大盘的同时进一步全面深化改革，将党的二十大部署的高质量发展这一首要任务落实好、完成好，这是我们化解各种艰难险阻、推进中国式现代化的重要方略。

进一步全面深化改革要坚持正确方法论

黄汉权

中国宏观经济研究院院长、研究员

党的二十届三中全会对进一步全面深化改革做出了系统部署，全会审议通过的《中共中央关于进一步全面深化改革 推进中国式现代化的决定》（以下简称《决定》），是新时代新征程上推动全面深化改革向广度和深度进军的总动员、总部署，是指导新征程上进一步全面深化改革的纲领性文件。

2024年5月，习近平总书记在主持召开企业和专家座谈会时强调，"改革有破有立，得其法则事半功倍，不得法则事倍功半甚至产生负作用"[①]。坚持正确方法论是做好进一步全面深化改革的重要法宝。"无以待之，则十百而乱；有以待之，则千万若一。"（苏辙《类篇叙》）习近平总书记指出，"改革开放是前无古人的崭新事业，必须坚持正确的方法论，在不断实践探索中推进"[②]。在40多年波澜壮阔的改革开放历史上，得益于正确运用、充分结合

[①] 习近平主持召开企业和专家座谈会强调：紧扣推进中国式现代化主题 进一步全面深化改革 [N]. 人民日报，2024-05-24(01).

[②] 习近平在中共中央政治局第二次集体学习时强调：以更大的政治勇气和智慧深化改革 朝着十八大指引的改革开放方向前进 [N]. 光明日报，2013-01-02(01).

我国国情和发展阶段特点的改革方法论，比如"摸着石头过河"、先易后难、渐进式改革、重点突破、系统集成等，各项改革工作得以顺利推进，取得历史性成就。特别是党的十八大以来，以习近平同志为核心的党中央坚持以深化改革激发创新活力，各项改革全面发力、多点突破、纵深发展，涉及范围之广、出台方案之多、触及利益之深、推进力度之大，前所未有，并在实践中形成了一批宝贵经验，丰富了中国式改革方法论。

新时代全面深化改革方法论的新特点

党的十八大以来，以习近平同志为核心的党中央团结带领全党全军全国各族人民，以伟大的历史主动、巨大的政治勇气、强烈的责任担当，冲破思想观念束缚，突破利益固化藩篱，敢于突进深水区，敢于啃硬骨头，敢于涉险滩，坚决破除各方面体制机制弊端，实现改革由局部探索、破冰突围到系统集成、全面深化的转变，各领域基础性制度框架基本建立，许多领域实现历史性变革、系统性重塑、整体性重构，推进改革的方法论呈现新特点。

加强和改善党对改革工作的全面领导。中国共产党的领导是中国特色社会主义最本质的特征。党政军民学、东西南北中，党领导一切。办好中国的事情，关键在党。成立中央全面深化改革领导小组，加强了党对改革工作的高位统筹领导。2018年3月28日，中央全面深化改革领导小组改为中央全面深化改革委员会。这是健全党对重大工作领导体制机制的一项重要举措，党对改革的统筹领导作用进一步增强。习近平总书记亲自挂帅出征，议大事、抓大事、谋全局，带领全党全军全国各族人民奋力突破、攻坚克难、统揽全局，谋划顶层设计，凝聚改革力量。在领导全面深化改革的过程中，党中央坚持守正创新，坚守改革底线，把该改的、能改的改好、改到位，看准了就坚定不移，一抓到底。

注重改革顶层设计和尊重基层首创精神。全面深化改革更加强调改革的顶层设计和基层探索的良性互动、有机结合，坚持摸着石头过河和加强顶层设计相结合，充分尊重广大人民群众的首创精神，鼓励地方和基层大胆探索、勇于开拓，创造和推广一批能够产生实效的改革措施和改革方案。充分调动地方积极性和主动性，是改革开放的一项重要经验。支持和鼓励各地区在推进改革过程中发挥首创精神，积极尝试，主动探索，大胆试、勇敢闯，多出成绩，多出经验。加强改革正向激励，持续强化试点工作，推动先行先试、示范引领，大力总结推广立得住、叫得响的经验。

以经济体制改革为重点全面推进各项改革。改革是一个涉及方方面面的系统工程，不能齐头并进，也不能长期单兵突进。40多年的改革经验证明，改革要以经济体制改革为重点，各项改革全面推进。党的十八届三中全会对经济体制、政治体制、文化体制、社会体制、生态文明体制、国防和军队改革、党的建设制度改革做出全面系统性部署，开创了我国改革开放新局面。以经济建设为中心，发挥经济体制改革牵引作用，推动生产关系同生产力、上层建筑同经济基础相适应，推动经济社会持续健康发展。经济体制改革是全面深化改革的重点，核心问题是处理好政府和市场的关系，使市场在资源配置中起决定性作用和更好发挥政府作用。经济体制改革要以产权和要素市场化配置改革为重点。党的十八届三中全会以来，从以经济体制改革为主到全面深化经济、政治、文化、社会、生态文明体制和党的建设制度改革，全面深化改革紧紧围绕总目标，重点明确，有序推进。

增强改革的系统性、整体性、协同性。全面深化改革是体系作战而不是各自为战，需要统筹兼顾、协同推进，要求全国上下一盘棋、十个指头弹钢琴。这既是全面深化改革的内在要求，也是其重要方法。党的十八大以来，以习近平同志为核心的党中央不断深化对改革规律的认识，推动全面深化改革事业在攻坚克难中不断迈上新台阶、取得新胜利。党的十九大通过的党章修正案把更加注重改革的系统性、整体性、协同性等内容写入党章，成为指导推进全面深化改革必须坚持的重要原则和方法。

改革任务系统集成和清单化、规范化推进。推进全面深化改革，更加注重改革系统集成的方法，各项具体制度安排协调跟进，呈现出系统性建构特征。各领域改革相互协同，促进整体性改革效能进一步提升，改革推进工作规范化、制度化水平不断提升。例如，党的十八届三中全会决定明确 336 项改革举措，《党的十九大报告重要改革举措实施规划（2018—2022 年）》对 158 项改革举措进行梳理，列明牵头单位、改革起止时间、改革目标路径、成果形式等要素，形成了未来 5 年全面深化改革的"大施工图"，使改革推进有章可循、有据可依。各部门、各地区在推进改革工作中，也尽量将改革任务清单化、项目化推进，具体改革事项设计、施工、评估等全链条管理，改革任务推进更加规范有效。

进一步全面深化改革要更加注重坚持和运用正确的方法论

党的二十届三中全会指出，进一步全面深化改革要总结和运用改革开放以来特别是新时代全面深化改革的宝贵经验，贯彻坚持党的全面领导、坚持以人民为中心、坚持守正创新、坚持以制度建设为主线、坚持全面依法治国、坚持系统观念等原则，并强调要"更加注重系统集成，更加注重突出重点，更加注重改革实效"。这些重要论述为我们理解和把握进一步全面深化改革的方法论提供了科学指引和根本遵循。进一步全面深化改革过程，就是要做到"九个更加注重坚持"。

更加注重坚持以人民为中心全面深化改革。人民对美好生活的向往就是我们的奋斗目标，改革为了人民，改革依靠人民，改革成果由人民共享。习近平总书记深刻指出，"为了人民而改革，改革才有意义；依靠人民而改革，改革才有动力"[①]"要把促进社会公平正义、增进人民福祉作为一面镜子，审视我们各方面体制机制和政策规定，哪里有不符合促进社会公平正义的问题，哪里就需要改革；哪个领域哪个环节问题突出，哪个领域哪个环节就是改革的重点"[②]。全面深化改革，既要做大蛋糕，又要分好蛋糕，让人民共享改革红利与成果，激励人民更加自觉地投身改革开放和中国式现代化建设。进一步全面深化改革，必须坚持以人民为中心，深入贯彻习近平总书记关于"抓改革、促发展，归根到底就是为了让人民过上更好的日子"[③]的根本要求，以最广大人民根本利益为我们一切工作的根本出发点和落脚点，坚持把人民拥护不拥护、赞成不赞成、

---

① 习近平. 坚持历史唯物主义不断开辟当代中国马克思主义发展新境界[J/OL]. 求是，2020（02）[2020-01-06].http://www.qstheory.cn/dukan/qs/2020-01/15/c_1125459115.htm.
② 习近平. 切实把思想统一到党的十八届三中全会精神上来[OL].[2013-12-31].https://www.gov.cn/ldhd/2013-12/31/content_2557965.htm.
③ 许宝健. 抓改革是为了让人民过上好日子[N]. 人民日报，2024-07-04(09).

高兴不高兴作为制定政策的依据，不断提升改革效能和人民群众的获得感、满意度。

更加注重坚持目标导向和问题导向相结合。进一步全面深化改革的总目标是继续完善和发展中国特色社会主义制度，推进国家治理体系和治理能力现代化。要锚定改革目标，奔着问题去、盯着问题改。在经济体制改革领域，要紧扣构建高水平社会主义市场经济体制战略部署，聚焦经济社会发展重点任务，开展调查研究，扑下身子，沉到一线，真正把情况摸实摸透。要畅通社会公众意见反馈渠道，充分听取和吸收社会公众的意见建议。加强网络舆情监测和分析，及时了解公众利益诉求，做到老百姓关心什么、期盼什么，改革就要抓住什么、推进什么，把能否解决问题作为衡量改革成效的重要标准。要深入分析思考，直面体制机制症结。各部门各地方要建立进一步全面深化改革分工任务图、时间表，从小切口入手，推动各领域改革精准见效。

更加注重坚持改革系统性、整体性、协同性和系统集成。进一步全面深化改革，要坚持系统观念，坚持改革的系统性、整体性、协同性，着力提高改革整体效能。要加强改革系统集成，激活高质量发展新动力。以改革系统集成谋划新举措，就要聚焦基础性和具有重大牵引作用的改革举措，在政策取向上相互配合、在实施过程中相互促进、在改革成效上相得益彰，推动各方面制度更加成熟、更加定型。今后一段时期，要紧扣中国式现代化这个主题，以全局观念和系统思维谋划推动进一步全面深化改革，更加注重各项改革的良性互动、整体推进、重点突破，形成推进全面深化改革的强大合力，坚持改革系统论，提升改革系统集成水平。

更加注重坚持有破有立、先立后破。习近平总书记在2021年底召开的中央经济工作会议上指出,"调整政策和推动改革要把握好时度效,坚持先立后破、稳扎稳打"[①]。改革有破有立,"立"与"破"是唯物辩证法的一对重要关系,"先立后破"就是先确立目标与蓝图,创造新的制度与机制,不断发展壮大,最后打破旧的制度与机制。正如稳中求进是做好经济工作的重要方法论,有破有立、先立后破则是做好改革工作的重要方法论。当前,全面深化改革处在深水区,有的领域甚至进入无人区,低空经济、无人驾驶、商业航天、生物制造等未来产业、新赛道不断涌现,诸多领域科技变革与产业发展进入了过去没有成熟经验的区域,基因编辑、生物制造、无人驾驶等,都对市场准入、审慎监管、包容监管等提出了新课题,改革更要有破有立、先立后破。同时,要建立健全容错机制。

更加注重坚持法治思维和授权改革等法治方式。社会主义市场经济从根本上讲是法治经济。习近平指出,"在整个改革过程中,都要高度重视运用法治思维和法治方式,发挥法治的引领和推动作用"[②]。进一步全面深化改革,要坚持法治思维和法治方式,推动全面深化改革行稳致远。要坚持改革决策和立法决策相衔接,不断提高改革决策的科学性。要不断完善实行负面清单管理制度,最大限度放宽市场准入。比如,为深入推进农村土地征收、集体经营性建设用地入市、宅基地管理制度改革试点,并做好试点工作与土地管理法修改工作的衔接,全国人大常委会曾做出决定,授权国务院在

---

① 中央经济工作会议在北京举行 习近平李克强作重要讲话 [OL].[2021-12-10]. https://www.gov.cn/xinwen/2021-12/10/content_5659796.htm.
② 习近平主持召开中央全面深化改革领导小组第二次会议 [OL].[2014-02-28]. https://www.gov.cn/ldhd/2014-02-28/content_2625924.htm.

北京市大兴区等33个试点县（市、区）行政区域，暂时调整实施土地管理法、城市房地产管理法关于农村土地征收、集体经营性建设用地入市、宅基地管理制度的有关规定。又比如，党中央支持深圳建设中国特色社会主义先行示范区综合改革试点，给予首批40条授权事项，首次以清单批量授权方式赋予地方在重要领域和关键改革环节更多的自主权。授权清单是改革方式方法的重大创新。综合授权有别于此前改革试点通常实行的"一事一议、层层审批、逐项审核"的授权方式，是在中央改革顶层设计和战略部署下，以批量报批的方式推动重点领域和关键环节改革。列入清单的事项实施备案管理，除明确要报批的事项，其他不再逐项报批。综合授权改革方式有效处理好了重大改革于法有据、改革与法治的辩证关系。今后，在创新性改革探索过程中，要更好地运用授权改革等法治方式，在法治下推进改革，在改革中完善法治，及时把改革成果上升为法律制度。对个别设立依据效力层级不足、按照有关程序暂时列入清单的管理措施，要同步完善立法修法，做到改革推进与立法修法相结合。

更加注重健全改革利益平衡与成本分担机制。全面深化改革是一项前无古人的伟大事业，波及范围巨大、涉及领域巨大、牵扯利益巨大、面临挑战巨大，更要注重健全改革利益平衡机制，完善改革成本分担机制。改革开放初期推进改革，总体上是在没有使任何人境况变坏的前提下，使得更多人得实惠，这就是所谓的帕累托改进或帕累托最优。经历了40多年改革开放，当今的改革很难再有帕累托最优的理想化改革环境，这就要考虑一部分人群因变革而变好，同时也会触动一部分人群的利益，我们可以通过完善改革成本分担机制和利益补偿机制，让改革的整体效能可持续，达到所谓的卡尔多改进①效果。改革要切实关照经济主体物质利益关系的调整，把大多数人受益的"增益式改革"和一部分人受益、另一部分人利益受损的"损益式改革"充分结合，并做好利益补偿机制的建设。

更加注重科技赋能改革特别是数字化改革。当今社会数字化、智能化趋势迅猛发展，数字化全面渗透并影响经济社会方方面面，各个领域以数字化改革为牵引，深度整合数字技术与治理体系，推动数字技术赋能治理体系现代化建设。数字化改革的本质属性是集成改革和制度重塑，目的是解决群众急难愁盼的关键事，围绕高频业务进行数字赋能，打通数据流、业务流、决策流、执行流，有效化解政出多门协调难、跨部门合作协同难、数出多头治理难等问题，从整体上实现社会建设治理关键环节的变革和治理范式改变，做到数据精准、决策科学、管理闭环、服务优质，推动治理体系和治理能力现代化。在浙江等地的改革实践中，数字化改革打破了各地方各部门各系统的传统业务流程，推动高效协同，有效破除制约高质量发展、高品质生活的体制机制障碍。数字化改革正在推动治理方式、手段、工具、机制发生系统性重塑。

更加注重坚持以钉钉子精神抓改革落实和改革要素保障。空谈误国，实干兴邦。真抓实干，始终是中国共产党人的优良传统。一分部署，九分落实。习近平总书记多次强调，要"以钉钉子精神抓好改革落实……盯着抓、反复抓，直到抓出成效"②。政贵有恒，治

---

① 卡尔多改进，也称为卡尔多 - 希克斯改进，是英国经济学家约翰·希克斯提出的福利经济学领域的一个著名准则。如果一种变革使受益者所得足以补偿受损者的所失，这种变革就叫卡尔多 - 希克斯改进。——编者注
② 习近平：深入扎实抓好改革落实工作，盯着抓反复抓直到抓出成效 [N]. 人民日报，2016-02-24(01).

须有常。抓落实，就要按照进一步全面深化改革的总体部署，一项一项接力推进，久久为功，直到见到成效。要树立正确的改革政绩观，有功成不必在我的精神、功成必定有我的历史担当，一茬接着一茬改。更加注重运用科学的方法和完善的制度设计，优化改革资源配置，增强改革要素保障。

更加注重处理好改革、发展、稳定、安全的关系。改革开放40多年的实践证明，我们这样一个14亿多人口的大国，绝不能在根本性问题上出现颠覆性错误，该改的、能改的坚决改，不该改的、不能改的坚决不改。发展是党执政兴国的第一要务，高质量发展是全面建设社会主义现代化国家的首要任务，要努力以改革促进高质量发展。把推进改革同防范化解重大风险结合起来，多用改革的办法疏导和防范化解如经济发展中面临的房地产、地方债务、中小金融机构等风险。推进各项改革也要掌握好时机和节奏，把握时度效，找准发展、改革、稳定的契合点，避免因为推进改革产生新的风险因素。要统筹改革与安全，努力以改革改善社会预期。

经济体制改革牵引进一步全面深化改革

刘元春

上海财经大学校长

党的二十届三中全会审议通过的《决定》提出"以经济体制改革为牵引",这是对党的十八届三中全会提出的"经济体制改革是全面深化改革的重点"的新发展,为进一步深化经济体制改革指明了前进方向,也提出了明确要求。立足新发展阶段,我们应充分认识以经济体制改革为牵引的重要意义,把握好、落实好进一步深化经济体制改革的具体任务,不断把经济体制改革引向深入,为实现中国式现代化提供重要保障。

充分认识以经济体制改革为牵引的重要意义

改革开放后,随着党和国家的工作中心向经济建设转移,经济体制改革的重要性和必要性愈加凸显。邓小平曾指出,"社会主义基本制度确立以后,还要从根本上改变束缚生产力发展的经济体制,建立起充满生机和活力的社会主义经济体制,促进生产力的发展"①。中国传统计划经济体制由此经过社会主义商品经济的中间过渡，转型为社会主义市场经济体制。党的十八届三中全会以来，全面深化改革深入推进，各领域基础性制度框架基本建立，许多领域实现历史性变革、系统性重塑、整体性重构。从经济领域看，社会主义基本经济制度不断完善，社会主义市场经济体制朝着高水平方向持续迈进，市场体系和宏观经济治理体系更加健全，为推动高质量发展注入强劲动力。

当然也要清醒认识到，我国仍处于并将长期处于社会主义初级阶段的基本国情没有变，我国是世界最大发展中国家的国际地位没有变。这决定了我们必须始终坚持以经济建设为中心不动摇，进一步解放和发展社会生产力，激发和增强社会活力，加快完善社会主义市场经济体制，以更强的决心、更大的勇气、更多的智慧进一步深化经济体制改革，加快构建高水平社会主义市场经济体制，为推动经济高质量发展提供坚强有力的制度支撑。

进一步全面深化改革，必须紧紧牵住深化经济体制改革这个"牛鼻子"，就是要发挥其牵一发而动全身的作用，推动其他领域深层次矛盾的化解，促进其他领域改革的协同。改革是一个系统工程，经济领域的进一步全面深化改革迫切需要协同推进民主和法治、文化、社会、生态文明等其他领域的改革，实现各领域改革相互促进、相互支撑，形成强大改革合力，营造进一步全面深化改革的生动局面，为中国式现代化提供强大动力和制度保障。

---

① 邓小平.在武昌、深圳、珠海、上海等地的谈话要点（一九九二年一月十八日—二月二十一日）[M]//邓小平文选：第三卷.北京：人民出版社，1993：370.

把握好进一步深化经济体制改革的主要任务

习近平总书记在关于《决定》的说明中指出,"深化经济体制改革仍是进一步全面深化改革的重点,主要任务是完善有利于推动高质量发展的体制机制,塑造发展新动能新优势,坚持和落实'两个毫不动摇',构建全国统一大市场,完善市场经济基础制度"[①]。进一步深化经济体制改革,必须遵循《决定》制定的方向和路径,完成好相关各项任务安排。

围绕处理好政府和市场关系这个核心问题,把构建高水平社会主义市场经济体制摆在突出位置。进一步深化经济体制改革,必须找准市场功能和政府行为的最佳结合点,推动有效市场和有为政府更好结合,切实把市场和政府的优势都充分发挥出来,构建高水平社会主义市场经济体制。坚持和落实"两个毫不动摇",促进各种所有制经济优势互补、共同发展,鼓励各类经营主体弘扬企业家精神,加快建设更多世界一流企业。构建全国统一大市场,包括构建城乡统一的建设用地市场,培育全国一体化技术和数据市场,建立健全统一规范、信息共享的招标投标和政府、事业单位、国有企业采购等公共资源交易平台体系,健全一体衔接的流通规则和标准,建设全国统一的电力市场,健全劳动、资本、土地、知识、技术、管理、数据等生产要素由市场评价贡献、按贡献决定报酬的机制等。完善市场经济基础制度,包括加强产权保护、信息披露、市场准入、破产退出、信用监管等。

---

① 习近平. 关于《中共中央关于进一步全面深化改革、推进中国式现代化的决定》的说明[M]//《中共中央关于进一步全面深化改革、推进中国式现代化的决定》辅导读本. 北京:人民出版社,2024:69.

健全推动经济高质量发展体制机制，促进新质生产力发展。高质量发展是新时代的硬道理，是全面建设社会主义现代化国家的首要任务。必须以新发展理念引领改革，立足新发展阶段，深化供给侧结构性改革，完善推动高质量发展激励约束机制，塑造发展新动能新优势。加快发展新质生产力是新时代新征程进一步解放和发展社会生产力的客观要求，是推动生产力迭代升级、实现中国式现代化的必然选择，必须健全因地制宜发展新质生产力的体制机制，加快形成同新质生产力更相适应的生产关系。

构建支持全面创新体制机制。中国经济已经从要素驱动发展阶段转入创新驱动发展阶段。党的十八大以来，以习近平同志为核心的党中央把科技创新摆在国家发展全局的核心位置，促进我国科技实力从量的积累迈向质的飞跃，从点的突破迈向系统能力的提升，一些关键核心技术实现突破，科技创新取得新的历史性成就。但也要看到，我国原始创新能力还不够强，创新体系整体效能还不够高，一些关键核心技术仍受制于人，因此必须加快实现高水平科技自立自强。教育、科技、人才是中国式现代化的基础性、战略性支撑，提升自主创新能力，有赖于统筹推进教育、科技、人才体制机制一体改革。

健全宏观经济治理体系。科学的宏观调控、有效的政府治理是发挥社会主义市场经济体制优势的内在要求。解决新征程上面临的经济发展难题，在实践操作中不能仅强调供给端或需求端，在政策举措上必须超越传统的需求管理或供给调整，需要供给端和需求端、政策端与制度端同步发力。宏观调控不仅要在策略上加大逆周期、跨周期调节的力度，增强宏观政策取向一致性，保持宏观经济的稳定，更需要在统筹推进财税、金融等重点领域改革的基础上完善宏观经济治理体系，改善微观主体激励机制。

完善城乡融合发展体制机制。城乡融合发展是中国式现代化的必然要求。我国的城乡二元结构虽然已得到较大程度的解决，但仍是制约城乡融合发展的主要障碍。未来一个时期深化经济体制改革，必须进一步完善城乡融合发展体制机制，统筹新型工业化、新型城镇化和乡村全面振兴，全面提高城乡规划、建设、治理融合水平，促进城乡要素平等交换、双向流动，缩小城乡差别，促进城乡共同繁荣发展。

完善高水平对外开放体制机制。开放是国家繁荣发展的必由之路，是中国式现代化的鲜明标志。必须坚持对外开放基本国策，坚持以开放促改革，依托我国超大规模市场优势，在扩大国际合作中提升开放能力，建设更高水平开放型经济新体制。高水平开放的第一个特征就是规模大。只有当规模达到一定体量，才能通过内外贸一体化产生规模经济效应，而超大规模市场优势也是新时代中国经济发展的基本盘和提升竞争力水平的重要基础。制度型开放需要有一系列新模式、新抓手，当前很重要的就是主动对接国际高标准经贸规则，深化外商投资和对外投资管理体制改革，打造市场化、法治化、国际化一流营商环境。我们还要扩大自主开放，有序扩大我国商品市场、服务市场、资本市场、劳务市场等对外开放，扩大对最不发达国家单边开放。

构建中国特色的政府与市场关系

徐高

中银国际证券股份有限公司首席经济学家

目前我国经济遇到的一些问题和困难,原因都是没有处理好政府和市场的关系。该如何处理政府与市场的关系?市场和政府的边界在哪里?在此我想分享一种思考逻辑。

哈耶克与凯恩斯的争论

关于政府与市场的关系,哈耶克和凯恩斯早有讨论。哈耶克反对政府对市场的干预,认为即使经济危机发生,若政府人为地创造需求,一定会导致部分可用资源被引导到错误的方向,可能为新的纷扰和危机播下种子。因此哈耶克主张,即使危机来了政府也不要去管。他表示,"我们或许可以用及时扩张的办法来避免一次经济危机,不过危机一旦发生,在它未自行消失之前,我们是无法摆脱它的"[①]。由此可见,哈耶克无条件地相信市场,并不认为市场和政府的关系是可以被构建的。

凯恩斯完全是另外一种观点,他认为"长期是对当前事务的

---

① 哈耶克. 通往奴役之路 [M]. 王明毅,冯兴元,等译. 北京:中国社会科学出版社,2015.

一种误导，长期而言，我们都会死的。在暴风雨的季节里，经济学家如果只是告诉我们，当暴风雨过去海面会恢复平静，那么他们将自己的任务也设定得太容易、太无用了"①。换言之，他主张活在短期，不能等待市场自发地收敛到有效阶段，那时候我们早就老死了。

哈耶克和凯恩斯观点的差别在哪里？主要在于他们对市场自发运行状态的认识不同。无论是凯恩斯还是哈耶克，他们都不认为市场可以被政府所取代，都认同应当把市场放在基础性地位上来看。两个人的分歧是，哈耶克认为市场运行效率很高，即使爆发经济危机，也应该等待市场自发调整，这时候政府万万不能干预，否则会阻碍市场的自发调整，为新的危机埋下种子。凯恩斯则认为市场效率比较低，不能等待市场的自发调节，面对经济危机时，政府应积极采取需求管理政策来缓和甚至消除危机。

哈耶克和凯恩斯的分歧，与霍布斯和洛克之间的分歧类似。霍布斯认为，缺少政府管理的自然状态，人与人之间随时可能爆发战争，因此需要一个主权者来管理大家。洛克则相信人与人之间完全可以自发地过上田园牧歌式的平静生活，所以只需要一个小政府即可。

在我看来，政府和市场的边界如何划分，关键看市场的状态。如果是运转良好的市场，可以不需要政府；倘若市场本身存在很多问题，这时候政府必须介入。

从市场角度看，政府该做什么？

第一，市场失灵甚至发生危机时，政府应该施加干预。

---

① 凯恩斯. 就业、利息和货币通论 [M]. 辛怡，译. 北京：中国华侨出版社，2017.

例如，2023年3月美国硅谷银行倒闭，受此影响，美国商业银行信用投放显著收缩，金融市场陷入动荡。这时候美联储资产大幅扩张，目的就是稳定市场度过危机。美联储的做法非常明智，也广受赞扬。如果市场上出现问题，政府就要干预，这已经成为一种共识。

近年来，我国的救市思维总是在道德风险这个问题上陷入纠结。到底该不该先考虑道德风险再救市？我认为这需要视情况而定。打个比方，假如小孩已经失足落水，大人还在袖手旁观，为的只是给孩子一个教训，想让他将来长记性，这就是荒谬的，无论如何应该先把人救活，再考虑未来如何预防道德风险。房地产市场就是在落水之后，施救之前，很多人已经陷入道德风险的纠结讨论之中。我认为应该先救市，让市场先"活"过来，这远比纠结道德风险重要得多。

第二，市场缺乏纠正收入分配不平等的能力，政府有必要推行"共同富裕"以保证社会的和谐稳定。

市场经济能够达到帕累托最优。帕累托最优是一个与效率有关的概念，但它不涉及收入分配，一个收入分配极其不平衡的状态也可以是帕累托最优。所以从这个角度看，市场没有能力改变收入分配不平等。

1990年全球化进程开始后，美国的工资薪金和企业利润占美国国民总收入的比重开始分道扬镳，工人工资的占比下降，企业利润占比明显上升。美国是全球化的受益国，2001—2023年的23年间，美国经常账户逆差累计高达12.7万亿美元。这主要因为美国以零成本创造出金钱，换来别国的产品和服务。然而，美国却无法把全球化红利在国内进行公平分配。这导致美国的富人拿走了全球化大部分的红利，普通工人反而因全球化而受害，使国内收入差距拉大，阶级矛盾激化，社会撕裂。因此，美国的问题主要是内部问题，作为一个资本主义国家，美国也无法在不同阶层间进行转移支付。这是完全依靠市场产生的后果。未来AI（人工智能）时代如果发展到无人化生产，在收入分配方面就更需要政府的有力调节，让AI创造的生产力真正惠及每一个人。

第三，政府不仅需要，也完全有操作空间，通过产业政策促进产业发展。

这一点从经济学理论中可以找到很多理论依据。现代国际贸易中，大量贸易主要发生在要素禀赋结构相似的发达国家之间，也存在大量产业内贸易，即一个国家在某一个产业里既出口又进口。

为什么会出现这种情况？新贸易理论对此给出了合理解释。在现代产业链中，每个产业都存在多个细分市场。在每个细分市场里，产品生产都存在规模经济效应。只要先发者先把规模做大，对后来者就能形成非常强的竞争优势。所以，不同的国家，因为一些偶然性因素，在不同的细分行业中形成了规模优势，从而带来发达国家之间大量的产业内贸易。从这个角度看，国家在推动国内产业抢先形成规模优势方面大有可为。现代新贸易理论给出了政府干预产业发展的理论依据，因此被称为"战略性贸易理论"。

中国的新能源汽车产业就是很好的例子。2020年开始，中国汽车出口量呈爆发式增长。2023年中国汽车出口首次超越日本，位居全球第一。国产自主品牌汽车强势崛起，销量显著超越合资品牌。新能源汽车在乘用车中的占比，从2020年的5.4%提高到2023年的40%，3年内上了一个大台阶。这一上升趋势与我国汽车出口量暴增，以及国内自主品牌超越合资品牌的路径完全吻合，是一个非常成功的例子。

我国新能源汽车的成功，离不开过去十几年我国针对新能源汽车行业的扶持政策。从最初的产业规划到生产端、消费端和基础设施端，政策都有覆盖。然而在别国看来，我国的成功经验已然构成"威胁"，一些国家已经采取措施。例如2024年4月，欧盟发布了一份700多页的报告，列出了中国在新能源汽车方面的一些扶持政策，比如购车补贴、双积分政策、鼓励新能源生产、专项基金等。这些政策在欧盟看来是一种"市场扭曲"，但却是我国新能源汽车产业发展的"制胜法宝"。

我认为，无论从理论上还是从实践上看，国家应该对产业的发展进行干预，产业政策是必要的而且是有用的。

第四，政府应积极还富于民。

中国政府拥有大量资产。根据2018年的数据，整个企业部门中，国有企业的资产占比高达56.3%，金融企业部门里这一占比更高。政府掌握这么多的资产，意味着这些资产所获得的回报最终也会流向政府。除了通过税收获得收入，政府还通过持有大量资产获得了大量回报性收入。

既然政府掌握大量的回报性收入，如果不把这些钱花出去，市场上的供给和需求就无法达到平衡。就现代经济而言，发展生产非常重要，为生产找到需求也同样重要。需求是由收入或购买力支撑起来的，真金白银地把钱花出去才能带来需求。对一个国家而言，总产出就是总收入。马尔萨斯早在两百年前就提到，"一国必然拥有购买它所生产的全部产品的购买力"。然而现实情况往往是总购买力足够，需求常有不足。

我国的总购买力通过收入分配结构分配给不同的经济主体。在分配过程中可能产生一些问题，出现购买力与支出意愿之间的错配，有支出意愿的人没有购买力，有购买力的人没有支出意愿。这可能导致经济的总需求或有效需求不足。

在政府握有大量资产而会切分一部分国民总收入的情况下，市场要取得供需平衡有两种办法：一是政府把收入转移给民间，提升民间创造有效需求的能力；二是政府不把收入转移给民间，但政府要创造有效需求。如果政府不转移收入，政府就成了"花钱"的第一责任人。近年来我国出现有效需求不足的情况，我认为主要原因就是政府没有还富于民，自身也不积极花钱。整个国民经济因此循环不畅，陷入一种长期有效需求不足的状态，至今仍在恶化。

有一种非常错误的观点，即主张政府不干预市场，认为政府支出会挤出民间需求，因此政府需要减少支出，减少对市场的干预。在我看来，持这种观点的人其实是好心办坏事，他们没有看清我国在收入分配结构方面的独特之处。

该如何处理市场和政府的关系？我认为应该具体问题具体分析，实事求是才是王道，而不能用抽象的西方经济学教条去定义市场和政府的关系。市场是基础，政府是市场的引导者和调控者，更是市场的参与者，特别是当政府获得大量收入之后，它必然是市场参与者。

评价政府与市场的关系是否合适，标准可以是"三个有利于"，即是否有利于发展生产力，是否有利于增强综合国力，是否有利于提高人民生活水平。过去这些年，在处理政府和市场关系方面，我们有新能源汽车产业崛起这样的正面范例，也有地方政府债务处理方面的负面案例。

恰当的市场与政府的关系，一定要与我国当前所有制结构和收入分配结构相匹配。市场主体的影响力建立在收入的前提上，收入越多，市场影响力越大。倘若市场主体无法把自己的收入转换为有效需求，就会导致有效需求不足，进而引发其他经济问题。

如果政府拥有大量收入，其"花钱"的方式要与民间主体有所区别。政府的财政支出不能以微观的回报率为主要目标，而应首先考虑社会效益。在我看来，政府财政就是要做民间不愿做或不能做的事，比如架桥、修路等对整个社会都有利的基建，就像以前的高铁建设，项目本身回报率并不高。在当前阶段，我主张政府应更多地介入基础建设，为中国经济的可持续发展提供坚实有力的支持，而不是完全从市场中撤出。政府撤出并不会让市场变得更好，正如前文所述，撤出后政府的大量收入反而失去了支出的途径，最终导致总需求不足或产能过剩。

/第二章/

宏观经济与预期管理

宏观调控历史演进与供强需弱现实失衡

卢锋

北京大学国家发展研究院教授，校友学院发展基金讲席教授

改革时代的几次三中全会有关全面改革的决定，提供了回顾和认识我国经济体制与宏观调控范式发展的权威历史文献。1978 年十一届三中全会至 2024 年，中国共产党一共召开了 10 次三中全会，其中 4 次主题涉及部门性改革与紧急形势下宏观政策调整部署，其余 6 次都针对不同阶段的全面改革议题进行决策，记录了我国市场经济体制改革探索的实践与认识历程，而宏观调控命题的提出与定位构成了新体制建构与发展的重要主题之一。从这个角度观察，最新一届，也就是二十届三中全会改革决定聚焦"健全宏观经济治理体系"，提出了一些全新的方针表述。

我国体制转型与谋划改革的根本特点与成功经验，是遵循实事求是与问题导向原则，从现实经济矛盾与既有体制背景条件出发，探索体制改革方向与政策调整路径。宏观调控概念的提出和演变，更是与不同时期宏观经济形势特点和政策实践面临的现实问题密切相关。近年我国经济运行大势，呈现出供给能力较强与需求增长偏弱的总量不平衡矛盾关系，折射出经济发展新阶段的积极因素与制约条件，客观上需要通过实施宏观调控与深化改革相结合的应对措

施推进经济再平衡。

就此谈两点：首先简略回顾改革时代宏观调控概念的提出与演进过程，观察认识最新改革决定有关宏观调控政策方针的新表述及影响；其次观察近年经济运行供强需弱的不平衡态势，从历史比较的角度讨论新型失衡特点和再平衡政策要求。

"宏观调控"的提出、发展与新表述

计划经济时期没有宏观调控一说，今天人们耳熟能详的"宏观调控"，其概念的酝酿、提出与丰富完善经历了一个长期演变过程，并在多次三中全会改革决定中得到凝练而权威的呈现。这方面情况为学习和理解最新改革决定的有关新命题提供了必要背景。

计划经济时期，国民经济运行必然会涉及宏观层面，如经济增速是否合理、结构比例是否协调、货币发行是否适度等，在这个意义上，当时国民经济管理自然也包含今天通常所指的宏观调控内涵。然而与当时经济内外环境与制度安排相适应，计划经济时期另有一整套经济理论和概念支持的政策分析语境，学界和决策部门一般不采用宏观经济或宏观政策等现代经济学概念。当时国家及政府部门作为计划制订和执行的全权主体，不分微观或宏观地全面管控国民经济，也不存在提出宏观经济政策概念的逻辑和现实依据。

进入改革开放时代后，情况很快发生改变。作为改革初期体制转型的重要举措，国家在多个经济领域放松行政管制，不同程度赋予企业和其他经济主体微观决策权，政府退出微观层面直接管控的改革前景逐步趋于明朗。在改革时代新的体制环境里，国家应该采用何种方式介入和管理经济，作为一个重大的现实和理论问题提到学界和决策部门面前。

例如1984年十二届三中全会《中共中央关于经济体制改革的决定》，就详细论述了这方面的问题。该决定第六部分聚焦"实行政企职责分开，正确发挥政府机构管理经济的职能"，其中总结计划经济时期政府直接控制经济的经验教训，指出今后各级政府部门原则上不再直接经营管理企业，并根据实践经验提出政府管理经济的多方面职能，包括制定发展战略和计划、部署基础设施和基本产业重点工程、掌握和运用经济调节手段等等。不过有关论述并未采用"宏观调控"这一概念。这个事例也表明，我国经济体制探索绝非简单依据学理逻辑，而是从发展实践所面临的现实矛盾入手，通过本源性分析，科学审慎地评估选择。

体制转型的重大进展，往往受到历史关键时点看似偶然的因素的影响。1980年代官方确定"宏观调控"的概念，直接背景是1988年的严重通货膨胀：面对局部商品抢购与银行挤兑的通胀失控风险，中共中央在1988年9月30日十三届三中全会上果断决定，"把明后两年改革和建设的重点突出地放到治理经济环境和整顿经济秩序上来"，着力压缩社会总需求和抑制通货膨胀。同时强调"治理经济环境，整顿经济秩序，必须同加强和改善新旧体制转换时期的宏观调控结合起来"。这意味着开始明确采用"宏观调控"这一重要政策方针概念。

1992年党的十四大在确定社会主义经济体制目标时确立了两个相互联系的命题：一是市场机制对资源配置发挥基础性作用，二是政府对经济运行进行宏观调控。十四大报告对上述两点的表述是"使市场在社会主义国家宏观调控下对资源配置起基础性作用"，其中"宏观调控"甚至在文本形式上对市场配置资源具有前置地位。从这一角度显示，当时决策层在经济体制改革目标上做出突破性决策的同时，用突出"宏观调控"来强调体制转轨可能出现的波折风险，具有谋定而后动的心理准备与应对策略。

此后历次有关经济体制改革的决定，无不结合体制转型实践经验创新诠释宏观调控方针的定位与主要任务。1993年十四届三中全会的改革决定，对相关方针更为从容地表述为"转变政府职能，建立健全宏观经济调控体系"，规定宏观调控的主要任务是"保持经济总量的基本平衡"和促进经济结构优化等。2003年十六届三中全会的改革决定，提出"进一步健全国家计划和财政政策、货币政策等相互配合的宏观调控体系"，要求"货币政策要在保持币值稳定和总量平衡方面发挥重要作用"。2013年十八届三中全会提出"科学的宏观调控"新方针，强调"健全以国家发展战略和规划为导向、以财政政策和货币政策为主要手段的宏观调控体系"，其主要任务仍包含保持经济总量平衡等。

二十届三中全会的改革决定，延续了11年前十八届三中全会有关"科学的宏观调控"的方针，然而具体内容论述显示多方面变化。一是第五部分中心词成为"健全宏观经济治理体系"，早先"宏观（经济）调控体系"提升为"宏观调控制度体系"。二是凸显"国家战略规划"在"宏观经济治理体系"中的特殊地位和作用，要求"围绕实施国家发展规划、重大战略促进财政、货币、产业、价格、就业等政策协同发力"，与11年前宏观调控"以国家发展战略和规划为导向、以财政政策和货币政策为主要手段"的方针比较，"国家发展规划、重大战略"在实施层面的整合作用显著增强。三是没有像早先几次改革决定那样，在文本上直接阐述宏观调控的方针定位与主要任务，不过第五部分有关深化财税和金融体制改革的条文，不少内容体现了针对目前现实经济问题的用意。

这次虽在三中全会改革决定中第一次采用宏观经济治理的表述，不过此概念近年早已提出。2020年5月《中共中央 国务院关于新时代加快完善社会主义市场经济体制的意见》就提出"创新政府管理和服务方式，完善宏观经济治理体制：……创新和完善宏观调控，进一步提高宏观经济治理能力。……健全以国家发展规划为战略导向，以财政政策、货币政策和就业优先政策为主要手段，投资、消费、产业、区域等政策协同发力的宏观调控制度体系，增强宏观调控前瞻性、针对性、协同性。……科学稳健把握宏观政策逆周期调节力度"[①]。

2021年3月发布的《中华人民共和国国民经济和社会发展第十四个五年规划和2035年远景目标纲要》（以下简称《第十四个五年规划和2035年远景目标纲要》），提出"创新和完善宏观调控，提高政府治理效能……健全以国家发展规划为战略导向，以财政政策和货币政策为主要手段，就业、产业、投资、消费、环保、区域等政策紧密配合，目标优化、分工合理、高效协同的宏观经济治理体系。……提高逆周期调节能力，促进经济总量平衡、结构优化、内外均衡"[②]。2022年10月二十大报告中，要求"健全宏观经济治理体系，发挥国家发展规划的战略导向作用，加强财政政策和货币政策协调配合，着力扩大内需，增强消费对经济发展的基础性作用

---

① 中共中央 国务院关于新时代加快完善社会主义市场经济体制的意见（2020年5月11日）[OL].[2020-05-18] http://www.xinhuanet.com/politics/2020/05/18/c_1126001431.htm.
② 中华人民共和国国民经济和社会发展第十四个五年规划和2035年远景目标纲要[OL].[2021-03-13].http://www.xinhuanet.com/fortune/2021-03/13/c_1127205564.htm.

和投资对优化供给结构的关键作用"[1]。

对此有两点观察。第一,《决定》要求"围绕实施国家发展规划、重大战略促进财政、货币、产业、价格、就业等政策协同发力",市场要理解宏观调控部门运作规则和机制,或许要更加系统了解国家规划和重大战略内容,理解更为长期的规划和战略与通常认为针对短期形势的宏观政策存在什么联系,这对需要关注政策动向的市场分析人士显然是一个颇具挑战性的要求。另外,宏观调控部门要最大化实现政策意图,也需重视与市场和公众的有效沟通,使其充分理解宏观调控政策的内在逻辑与预期效果。早先宏观调控逐步形成了一套政策逻辑,现在把宏观调控提升为宏观治理,宏观调控政策实施要"围绕"国家规划和重大战略,有关部门需更清晰地阐述新的宏观调控机制,帮助市场和公众更准确理解,才能使宏观调控起到事半功倍的效果。

第二,从十四大确立宏观调控命题以来,历次有关全面改革的三中全会决定,都包含有关宏观调控定位及其保持总量平衡等目标的论述。或许是2021年制定的《第十四个五年规划和2035年远景目标纲要》对此已有表述,或许是考虑目前宏观经济运行较为平稳,这次《决定》没有直接和正面阐述宏观调控的职能和任务,也是在30余年多次三中全会全面改革决定中第一次这样处理。不过《决定》明确坚持"科学的宏观调控"表述,财政和金融等部门改革措施多方面涉及宏观调控内容,而且近年宏观调控仍体现了逆周期调节和谋求总量平衡的政策意图,可见决策层强调宏观经济治

---

[1] 习近平.高举中国特色社会主义伟大旗帜 为全面建设社会主义现代化国家而团结奋斗——在中国共产党第二十次全国代表大会上的报告(2022年10月16日)[OL].[2022-10-25].https://www.news.cn/politics/cpc20/2022-10/25/c_1129079429.htm.

理，并不意味着放弃早先宏观调控的基本原则和方针。

几十年来，我国在市场化取向改革实践中提出并不断改进完善宏观调控，高度重视宏观经济总量平衡、逆周期调节、长期与短期关系、总量与结构关系、价格工具与数量工具关系等等，对体制转型和经济发展发挥了重要保障作用，积累了丰富和宝贵的经验。近年根据新时期经济内外环境变化，提出了宏观经济治理、宏观调控制度、跨周期调节、围绕规划和战略实施宏观政策等新命题、新方针，体现了创新谋变取向。如何把理论和概念创新与解决宏观经济运行面临的新问题结合起来，在应对化解现实矛盾中检验和发展宏观调控新范式，是目前理论研究和实践探索面临的重要议题。

关注经济供需强弱新型失衡

近年我国经济保持韧性增长态势的同时，逐步呈现出一种以供强需弱为特点的新的总量与结构不平衡，对我国经济增长带来明显制约和困扰。需要关注经济供需强弱新型失衡的特点和影响，针对其特殊成因把必要宏观调控和改革结合起来进行有效治理以推动经济再平衡。下面在简略观察供强需弱失衡现象的基础上，我将结合历史上几次需求不足情况考察其特征，并分析调整和改革的必要性。

过去一段时间，我国经济运行呈现一个全局性特点，就是供给能力较为强劲与需求增长相对弱势。得益于改革开放构建的市场经济体制与配套政策环境的支撑作用，我国经济供给端总体仍保持活跃的产业升级态势以及对市场信号的响应能力，基建、传统及新兴部门都保持活跃态势与充裕产能。总供给特别是工业制造供给能力较强，显示出经济发展潜力与积极前景。然而需求端近年持续偏弱，经济下行压力挥之不去，派生出物价持续走低、经济追赶放缓、青年失业增压、金融风险频发等问题。这些问题与信心不足和预期转弱形成互动，使得经济内部某些结构性矛盾呈现复杂化趋势。

决策层从 2018 年以来每年评估宏观经济的关键节点，不断提示经济增长面临下行压力和需求不足问题，并采取多方面逆周期宏观调控措施加以应对。近年货币、财政、基建等宏观政策工具频频发力，对稳定经济增长也实际产生了积极影响。然而由于近年供强需弱失衡原因超出狭义宏观政策范畴的某些深层结构性因素，宏观调控政策未能根本扭转近年不平衡格局。下面我从改革时代发生的几次总需求不足情况的历史比较角度，探讨近年供强需弱代表的新宏观失衡现象及其成因。

改革前 30 年的大部分时间，我国宏观经济通常面临信贷和投资扩张压力，受到经济偏热与通胀困扰，宏观经济运行也面临过几次总需求不足的情况。第一次发生在改革初年。针对 1978 年前后经济扩张政策加剧经济比例失调问题，1979 年中央实施"调整、改革、整顿、提高"八字方针，紧缩政策对经济再平衡产生积极效果的同时，也伴随 1980—1981 年出现需求偏弱情况，尤其是 1981 年经济增速降到 5.2% 的低位，显示出过度紧缩征兆。1982 年改革深化并退出紧缩政策，迎来 1980 年代中期多年的高增长。

第二次是 1980 年代末因需求不足导致的经济衰退。1980 年代前中期经济强劲扩张派生出经济过热和通胀压力，显著通胀数年发酵演变为 1988 年抢购与挤兑风潮危机。高层果断实施严厉的紧缩措施，叠加随后特殊政治环境因素，1989—1990 年前后经济明显面临总需求不足困难，1989 年和 1990 年经济增速分别回落到 4.2%

和 3.9%，大幅低于改革时代的潜在增速。1990 年以后宏观政策逐步趋于放松，特别是得益于邓小平 1992 年南方谈话推动改革突破，之后中国经济进入多年超高增长期。

第三次是世纪之交内外部多重冲击导致总需求疲软与通货紧缩。对 1990 年代中期严重通胀的紧缩治理措施伴随着某种超调效应，大规模国企改制对劳动力市场派生失业压力，亚洲金融危机冲击造成出口困难，内外多重因素叠加导致改革时期最严峻的总需求不足困难，经济低增长和通缩压力前后延续 4~5 年。面对困难形势，决策层坚持推进改革和入世开放，宏观调控方面实施一系列扩大内需政策，经多年调整迎来新世纪初年开放经济的景气繁荣。

第四次是 2008 年年底美国金融危机冲击导致我国出口一度急剧收缩，伴随沿海地区外向经济部门就业形势短期显著恶化，经济面临总需求不足的显著风险。然而当时国际环境有利于大国合作应对危机，国内实施大规模经济刺激措施，到 2009 年第二季度经济已快速复苏，并于下半年再回高增长轨道。这次总需求不足持续时间较短，主要表现在 2008 年第四季度和 2009 年第一季度，从年度数据中几乎看不出来。

与上述几次比较，近年供强需弱失衡有几方面特点。一是延续时间较长。早先总需求不足以世纪之交那次最长，2008—2009 年那次最短，4 次合计约 11 年，平均每次不及 3 年。这次在 2018 年呈现需求偏弱伴随增长动力不足的最初动向，疫情期间多重冲击重创需求增长，疫情后经济复苏仍未能摆脱需求不足困扰，可见其前后已延续 6~7 年，显著超过早先总需求不足的平均延续时间。需求偏弱失衡延续时间较长，形成经济低景气度与预期偏弱信心不足之间的相互加持，导致多方面经济矛盾关系趋于复杂化。

二是除了疫情期特殊情况，近年需求不足伴随经济波动的幅度有限。上述前三次总需求不足时，经济增速都显著低于当时潜在增速，尤其是1980年代两次需求收缩伴随经济大幅波动，90年代政府部门宏调能力提升使得经济波动幅度趋于收敛。近年疫情期经济剧烈波动，然而疫情前后或非疫情期需求偏弱并未伴随经济大幅起落。这显示目前总需求偏弱较大程度与发展新阶段深层结构矛盾逐步释放有关，也得益于宏观调控分析和调控能力提升对冲了需求不足的部分影响。经济波动幅度趋缓是积极现象，不过客观上也阻碍了认识和重视新一轮的失衡。

三是近年供强需弱失衡和内需不足的结构特点更加突出。首先，近年内外多方面因素推动我国出口迈上新台阶，总体而言，近年外需增长对我国总需求增长的平均贡献度较高。2010—2018年，我国净出口对总需求贡献率为负数，2019—2024年平均为正的两位数，意味着总需求持续不足总体看不是由外需走低导致，而主要由内需不足造成。

其次，分别从内需两块基本内容，即投资和消费看，投资在疫情冲击下经历了一次剧烈波动。综观其近年表现，制造业和基建投资平稳增长，投资减速的主要是房地产开发部门。由于政策调整，房地产部门引入投资持续收缩，影响其产业链上下游不同环节，成为近年经济国内循环最明显的堵点之一。

如果说房地产投资下行对内需拖累与特定政策环境变化有关，影响本轮需求偏弱的消费不足问题则存在更为深层的体制与经济根源。从国际比较数据看，我国人均GDP与世界平均水平接近，比G20（二十国集团）新兴经济体高出近1/3，但是国民储蓄率与消费率则分别大幅偏高与偏低，居民消费率也很低。虽然考虑"实物社会转移"因素后我国居民消费率显著调升,然而该指标调整后仍较大幅度低于全球平均水平,也低于G20新兴经济体平均水平。

与上述数据相一致,我国居民消费与GDP、投资全球占比也存在明显背离。与二十几年前世纪之交内需疲软时的消费不足比较,目前的消费不振原因更为复杂,居民消费不足显然存在体制和机制根源。例如从三类公民的每年人均养老金来看,其间巨大差别凸显体制内外、城乡之间的反差,一定程度上与公共财政转型滞后存在关联。居民消费不足的另一个重要原因,是我国公共部门掌控大量资源,这些资源的较大比例长期通过不同管道持续用于提高供给侧能力,用于支持居民收入增长与消费提升的比例则相对不足。

最后,供给端走强、制造业升级与国内吸收不足,推高外贸竞争力与顺差规模,伴随外部经贸关系出现新矛盾。尤其是我国电动汽车等"新三样"出口大幅飙升,很快引发美西方国家贸易保护措施。美国以产能过剩为题发难,决定对我国电动汽车额外加征100%的关税。欧盟则在2023年10月对我国电动汽车进口发起反补贴调查,并从7月4日开始加征临时反补贴关税。美欧上述政策反映其保护主义错误倾向,客观原因则是我国新一轮出口顺差结构特点与美欧在经贸领域形成新的竞争关系,对绿色转型具有战略意义的"新三样"出口飙升更使美欧倍感纠结。另外,美西方对我国整体战略演变和竞争博弈的动机增强,也产生了推波助澜的作用。

总体看,上述供强需弱格局是一种矛盾或辩证现象:"供强"是我国经济成长特别是制造业等产业升级的一种令人鼓舞的现象,"需弱"则是在经济发展过程中由内外多方面环境和体制因素派生的不利因素。然而这里的一正一负因素并不能自然地相互抵消中和，而是组合匹配形成经济总量与结构层面的失衡关系与问题。与改革时期早先几次总需求不足比较，近年供强需弱失衡呈现多重新特点，正在成为制约我国经济增长潜力充分释放与高质量发展的全局性因素之一。

纵观我国经济体制改革历程，宏观调控的提出和发展是体制转型实践探索与理论创新的重要主题之一，保持经济总量平衡与结构合理则是宏观调控的基本目标之一。新改革决定突出国家战略和规划对宏观经济治理体系的引领作用，显示宏调决策思维的调整创新。考虑充分释放增长潜力，实现两步走现代化目标，是执政党制订的顶级层次战略规划的核心内容。宏观经济治理体系概念又具有超出短期宏观调控的广阔视角，后续需在最新改革决定引领下，针对供强需弱的现实矛盾加大积极宏观调控政策实施力度，同时以经济体制改革为牵引对症施策，推动宏观经济再平衡。

宏观经济面临的主要问题

刘元春

上海财经大学校长

党的二十届三中全会《决定》指出,"科学的宏观调控、有效的政府治理是发挥社会主义市场经济体制优势的内在要求。必须完善宏观调控制度体系,统筹推进财税、金融等重点领域改革,增强宏观政策取向一致性"。在调整宏观经济政策时,首先要明确当前经济复苏所面临的问题到底是以周期性问题为主,还是以结构性问题为主,抑或以体制性问题为主。如果在这个问题上没有找好定位,只是简单地进行讨论,宏观政策可能会出现一些偏误。

需求不足与产能过剩性质大不相同

前一段时间,日本野村综合研究所首席经济学家辜朝明的观点引起了市场很大的反响。他认为,目前80%的经济问题是周期性的,是由资产负债表衰退引发的;只有20%的问题是结构性的。因此,简单的货币政策和结构性政策都是无效的,只有持续扩大财政政策,才能有效克服当前的问题。如果我们目前面临的主要问题的确是周期性的,全力启动逆周期政策来对冲一些指标的下滑,包括失业、物价水平和内需不足的问题等，就十分必要了。但如果我们所面临的问题不是周期性的，而是"面多了加水，水多了加面"的恶性循环，那么，措施不当就可能导致动态失衡问题愈演愈烈。因此，如果不能很好地判断是周期性问题还是结构性问题，一定会在宏观政策的总体定位和实施力度上产生偏误。

2015年，国家启动了供给侧结构性改革，希望实现产业升级中供求的动态平衡。三年疫情对供需两端产生了全面的冲击，导致我们难以判断当前面临的是需求端问题还是供给端问题，是短期疫情冲击的需求不足问题还是传统的地方政府"锦标赛"所带来的重复建设问题。

在这个问题上，中国与西方国家是不一样的。中国作为世界的生产工厂，全球供给的核心焦点，构建的基础是中国特色体系，尤其是在财政分权体系下，地方政府在政绩工程的推动中可能出现产能叠加。因此，不仅要考虑周期问题，还要考虑动态平衡中的结构性问题，更要考虑当期风险与未来风险的平衡问题。需求不足与产能过剩虽然是经济下滑问题的两个方面，但是参照系和形成原因是不一致的。供给能力可能高于潜在水平，也可能低于潜在水平。需求水平也是如此。以潜在水平为参照点，可以将经济萧条区分为产能过剩主导的萧条和需求不足主导的萧条，采取的治理模式分别为供给侧管理和需求侧管理。如果用扩大投资来解决产能过剩型萧条一定会导致动态失衡加剧的结果。

当下的经济增长面临的情况比较复杂，有疤痕效应带来的消费修复和复苏的问题，也有供给端修复过快带来的供求不平衡的问题，更有传统产能过剩的问题。所以，不能单纯依赖一种药方治百病，而是要分类施策，对症下药：既有以消费修复和消费扩张为主的逆周期政策，也有加速产业升级的供给侧结构性政策，更有改革导向的体制性调整。

宏观经济政策在逆周期里定位不足是底线管理重点考虑的问题

在目前有效需求不足、物价水平下滑的状况下，大家期待需求端的扩大内需政策全面放量。但 2024 年上半年的消费复苏可能与很多经营主体的预期有一定差距，这主要是受到机制体制问题的影响，财政政策的积极性没有得到充分发挥。目前地方政府的财力基础受到全面削弱，导致地方财政支出特别是广义政府支出出现负增长。

同时，稳健的货币政策也不够稳健。这一点体现在结构性宽松上，表现为对国有企业以及一些小微企业的定向宽松出现了强烈的扭曲。虽然货币在数量上有很大的宽松，但是由于定向滴灌没有产生传递效应，没有通过对国有企业和大型企业的信贷向中小企业和传统企业进行全面贯通。因此，在这种政策调控下，只有结构性数量的宽松，并没有总量上的全面宽松，更没有在价格机制，尤其是名义政策利率上进行调整，结果导致了利率扭曲。从动态平衡的角度来讲，目前稳健的货币政策过度倾向于结构性政策和产业政策，可能会出现一些政策偏误。

很多人认为货币政策，尤其是总量的货币政策是无效的。辜朝明也提出，现在不要把时间浪费在货币政策和结构性政策上。这种判断是极其错误的。无论是凯恩斯的流动偏好陷阱、克鲁格曼的安全资产陷阱，还是辜朝明所讲的资产负债衰退陷阱，他们所提到的货币政策无效都有一个前提，即在名义利率下降到零之后，货币政策的效果会大打折扣。

需要从更高的层面来思考当前宏观经济政策的定位，以及各种工具之间的协调

第一，面对中国目前的经济状况，我们不能直接套用流动偏好陷阱、安全资产陷阱等西方理论。中国并没有像西方那样实施超级量化宽松政策，因此目前货币政策是比较有效的。当前，货币政策面临的一个重要问题是要重新调整对宏观经济所面临的主要问题的认识。一方面，要认识到当前的周期性问题比较严重；另一方面，也要认识到周期性问题和结构性问题是可以相互转换的。如果控制不好扩内需的政策，可能会演化成为产能的扩大，产生动态失衡的问题。因此，目前的政策在锚定周期性问题和结构性问题上要有一个平衡，一方面要保持战略定力，另一方面要通过保持战略定力实现产业升级，更重要的是要防止恶性循环的产生。

第二，货币政策在锚定各种目标的同时，要有一个回归。结构性货币政策解决不了结构性问题，反而会产生价格和市场的扭曲。因此，我们必须高度关注目前货币市场和信贷市场上的扭曲，解除扭曲是畅通循环的关键。

第三，中国当前的货币政策效率依然很高，在解除扭曲的基础上较大幅度地降低利率，是解决目前循环不畅、成本高企的重要法宝。

第四，必须使财政政策回归到积极的定位上来。货币政策也可以进行相应的配合，但需要高度重视传统的"财政挖坑、货币放水"模式所产生的结构性扭曲问题。需要从更高的层面来思考当前宏观经济政策的定位，以及各种工具之间的协调。

宏观政策的是非之辩

徐高

中银国际证券股份有限公司首席经济学家

当前,各方对我国经济形势的评估没有太大分歧,普遍认为我国有需求收缩、增长下行之明显压力,风险不低。但在我国是否需要通过刺激政策来托底经济增长这个问题上,各方观点不一,赞成与反对的声音都有。各方在刺激政策是否有效、是否有持续性、长短期成本收益状况等多个问题上缺乏共识。刺激政策因缺乏共识而面临不小阻力,推出时更多只能像挤牙膏一样被经济压力倒逼出来,因而往往滞后于形势变化,令政策效果大打折扣。

为了更有利于政府调控宏观经济运行,提升政策的领先性和有效性,有必要对刺激政策的成本收益、利害得失做深入分析,把各方对政策刺激的疑惑之处讲深讲透,从而凝聚共识。本文试图利用宏观思维,深度剖析刺激政策的约束条件所在,探讨政策的效果、持续性等关键问题,以明辨刺激政策的是与非。

评价宏观政策要有宏观思维

评估宏观政策的利害,不能就政策论政策地一概而论,而必须将政策放到具体的宏观环境中。同样的宏观政策，在不同宏观环境中可能产生完全不同的效果。在某种环境中利大于弊的政策，在另一种环境中就可能弊大于利。这是因为宏观政策在经济中施行时存在复杂的反馈传导机制，会产生一环接一环的扩散效应。在不同宏观环境中，政策的反馈传导状况可能有很大不同，从而让同样的政策产生不一样的后果。脱离宏观环境来评价政策应不应当，容易犯刻舟求剑的错误。

以上道理并不复杂，但却容易被个人在微观生活中积累的经验所遮蔽，一叶障目。每个人都生活在宏观经济中，都会从自己所处的位置出发，对经济运行有一定了解。但这些得自微观的了解，哪怕是变成了很多人共同持有的"常识"，也未必能够全盘把握宏观经济的运行。用出自个人经验的微观思维来理解宏观经济，评价宏观政策（不管是刺激还是紧缩政策），很容易出现偏差和误解。

诺贝尔经济学奖得主保罗·克鲁格曼在2014年写过一篇题为《成功的商人不懂宏观经济》的文章，就很好地说明了这个问题。文中有这么一段话："国家并不是公司。国民经济政策，即使是在一个小国，也需要考虑在商业生活中常常无关紧要的某些类型的反馈。例如，即使是最大的公司，也只会把一小部分的产品卖给自己的员工，然而即使是极小的国家，大多数商品和服务也主要是卖给国内的。"

克鲁格曼在文中批评了将宏观经济当成微观企业来理解的错误思想。微观经济主体（无论是企业还是个人）生活在一个他所不能控制、只能被动接受的外生经济环境中。哪怕是一个规模很大的企业，其经营活动对整个宏观经济的影响也可以忽略不计。因此，微观经济主体决策时，既不会，也不应考虑他的行为对经济环境的影响。所以，企业会将自己的收入看成不受自己控制，而被企业所处经济环境决定的外生变量。企业决策时因而需要量入为出，以收入确定其支出。企业是这样，体量远小于企业的个人就更是如此了。

很多人在谈宏观政策时，喜欢讲政策空间，认为政策要留有余地，不能把"弹药"用尽。这种讲法反映的就是把宏观经济当企业来看的微观思维。其潜台词是，政策的"弹药"是给定的，只有这么多，用一点就少一点，所以得省着用；要是把"弹药"用尽，政策就难以为继，甚至还会搞出问题。这种说法虽然听上去符合普通人的常识，却是对宏观经济运行的误解。

正如克鲁格曼所说："即使是极小的国家，大多数商品和服务也主要是卖给国内的。"这意味着对一个宏观经济体而言，支出大致就是收入，支出影响着收入，支出与收入之间存在反馈效应。因此，讨论一个国家的宏观政策时，需要知道这个国家所处的宏观环境很大程度上被这个国家自己所决定，是这个国家宏观政策可以调控的内生变量。政府作为宏观政策的决策者，必须知道，自己的支出关系着民间的收入。政府开支的变化，会影响民间经济的活跃程度，并反过来引发政府收入的变化——对政府而言，其收入是"内生的"，受政府自身的影响，这与微观企业和个人将收入当成"外生给定"（不受企业和个人影响）的状况形成了鲜明反差。

所以，在微观经济主体那里很有道理的"量入为出"的逻辑，搬到宏观政策上就可能出问题。当宏观经济陷入需求不足的低迷状态时，政府如果量入为出，因为财政收入的下降而减少其财政支出，则民间的收入和支出会进一步下降，进而让财政减收压力变得更大。如此，经济收缩的压力会在支出与收入间持续传导并放大，令宏观经济更加困难。面对宏观经济需求不足的局面，政府不能量入为出，反而要逆周期调控，要通过财政支出的扩张来增加民间收入，带动民间支出，进而打破经济收缩的恶性循环。对只懂微观经济运行的人（即使他是一个成功的商人）来说，这样正确的政策应对是反直觉，甚至是反常识的。这正是克鲁格曼说成功的商人不懂宏观经济的原因。

运用宏观思维来思考刺激政策就能发现，在不同的宏观环境中，同样的政策可能产生不一样的效果。还是以财政支出政策为例。

在需求不足、供给过剩的宏观经济环境中，经济中会有非自愿的失业。此时，财政支出的扩张（财政花更多钱来购买产品和服务）可以让失业的工人找到工作。而这些工人有了工作和收入后，支出也会相应增加，从而让更多失业的人能找到工作，获得收入。这时，财政刺激会"带动"民间部门的收入和支出，发挥"乘数效应"，缓解经济需求不足之压力，带动经济向好。反过来，更加活跃的民间经济活动也会带来更多的财政收入，从而让财政刺激政策更可持续。

但在需求过剩、供给不足的宏观环境中，财政刺激政策会有不同后果。此时，经济中应已经达到了充分就业，工人的工作量都已经饱满。此时，如果财政支出进一步扩张，为了满足财政的购买需求，工人就只能放下自己手中本来计划要做的工作，转而为财政增加的产品和服务之需求工作。这时，民间的工作总量和收入总量并不会因为财政刺激而明显增加，而只是工作内容发生了变化，由之前对应民间需求的工作，变成现在对应财政刺激政策的工作。此时，财政刺激会"挤出"而非"带动"民间需求，并不会让总需求明显扩张，因而也不会让经济活动变得更加活跃。相应地，政府所得的财政收入也难以明显增加。于是在这种情况下，财政刺激并不能让经济变得更好，反而会让政府背上更大的债务负担，弊大于利。

显然，在需求不足和需求过剩两种宏观环境中，财政刺激政策在前一种情况中可取，在后一种情况中不可取。这个例子说明，脱离具体的宏观经济环境，泛泛地说刺激政策是好是坏、应当还是不应当，没什么意义。

当然，一概而论地反对刺激政策的人应该还是少数。不需要借助宏观思维也能看出，在经济低迷的时候，刺激政策至少在短期会有积极效果。更多人担心的是刺激政策的持续性。有不少人认为，刺激政策虽然短期有正面效应，却会在长周期内让经济付出更大代价。换言之，不少人担心刺激政策从长期来看得不偿失、弊大于利。许多人对会带来债务增长的政策（如扩大财政赤字，加大信贷投放）持反对意见，就主要源于这种忧虑。对刺激政策持续性的分析是下文的重点。这一讨论需要从对刺激政策的需求面属性谈起。

刺激政策是需求面政策

任何经济活动都是供给和需求两方面因素共同作用的结果，宏观经济运行也不例外。因此，宏观经济增长的约束既可能在供给面，也可能在需求面。相应地，促进经济增长的宏观政策既可以作用于经济的供给面（供给面政策），也可以作用于需求面（需求面政策）。在供给与需求两方面中，通常只有需求能快速被政策刺激起来，所以当大家谈到刺激政策时，一般说的都是需求面政策。

一个经济体的供给能力主要建立在投入要素（劳动力和资本）

和技术水平之上，短期内很难快速扩大。无论是劳动力和资本的增加，还是技术水平的进步，都只能靠持续的积累来逐步实现，无法借宏观政策的作用在短期内突飞猛进。所以就算经济受限于供给不足的约束，也很少会有刺激供给的说法出来。倒不是大家不愿意刺激生产能力，而是因为生产能力确实没法在短期内被刺激出来。如果现在有人能用宏观政策快速地把卡脖子的高端芯片生产能力给刺激出来，国内应该不会有任何反对声音。所以，供给面宏观政策更多的是结构性政策，有针对性地为投入要素扩张和技术进步，营造良好环境，以促进它们自然发展。

而在经济处于需求不足状况时，可以用宏观政策在短期内就把需求刺激起来。要理解这一点，首先要知道宏观经济的"需求"是有购买力支撑的，在市场上表现为购买活动的"有效需求"，而非仅仅是各个经济主体的支出欲望。一个国家的总产出就是其总收入，即其总购买力。因此，一个国家总是有足够购买其总产出的总购买力的。但是这些购买力会根据国家的收入分配结构流向不同经济主体，与不同经济主体的支出欲望相结合，最终形成这个国家的总有效需求。如果收入分配结构存在问题，支出欲望与购买力结合之后形成的有效需求完全可能低于国家的总供给能力，形成需求不足的局面。

在2023年8月29日撰写的《内需不足是个收入分配问题》一文中，笔者曾论证过：我国内需不足产生于居民和企业两大部门间收入分配的不合理之处，根子在于居民部门收入占国民总收入的比重过低，从而导致国内购买力与支出意愿有错配——消费者部门购买力不足，企业部门支出意愿不足。在这样的情况下，用宏观政策来优化购买力与支出意愿的匹配，有效需求就能被快速刺激起来。

所以,"有效需求不足"是刺激政策的理论基础。1936年,宏观经济学创始人凯恩斯出版了传世名著《就业、利息和货币通论》。这本书的第三章题为"有效需求原则",其中有这么一段话:

> 人们把(古典)经济学家看成是乌托邦一类的人物。这一类人离开这个世界去独自开垦属于他们自己的花园,并告诉人们:只要我们任由自然发展,那么这个世界上存在的所有事物都将以最好的方式向前发展。我认为,他们之所以这样想,是由于他们忽略了"有效需求的不足"可以拖累整个经济的繁荣……如果假定社会的经济运行方式果真如古典理论所描述的那样,那其实就等于我们研究所面对的困难就都不存在了。

1929年爆发的"大萧条"教育了凯恩斯及很多与他同时代的经济学家,让他们认识到了"有效需求的不足"的可能性和危害性,并在这一基础上提出了需求管理的宏观政策框架。当今宏观经济学正奠基于凯恩斯的洞察之上。

如果经济如乐观者所设想的那样处于最优状态(市场处于有效状态),则购买力与支出意愿会有最有效的结合,从而让有效需求与供给能力匹配。此时,需求面的刺激政策既不必要,也无效果。不必要的原因是经济此时不存在有效需求不足的问题,无效果的原因则是此时有效需求受购买力的约束而无法进一步扩张,这一点在后文的分析中会逐步清晰。

但现实世界并非总是处于最优状态,有效需求不足的情况时有发生。此时,需求面的刺激政策作为对市场无效的纠偏手段,有其可行性和必要性。在有效需求不足的情况下，政府作为实体经济中的一个购买者，总是可以通过自身财政支出的扩张来创造有效需求，弥补民间支出意愿不足的问题；而货币政策则可以提升金融市场中资金融通的规模，让更多购买力流向有更高支出意愿的经济主体，从而让购买力和支出意愿更有效结合，进而推升有效需求。这样的财政和货币政策可以在短期内刺激需求和经济增长，令宏观经济状况变得更好。

刺激政策的真正约束在供给能力

对一个国家来说，需求面刺激政策的真正约束是这个国家的供给能力。这可能与很多人得自微观经验的直觉相悖。如果问一个国家的需求面刺激政策的约束在哪里，很多人可能会说是货币（钱），但这只是微观视角下的片面看法。对一个微观经济主体（无论是企业还是居民）来说，手里的钱花完了就花完了，没了钱当然没法购买更多。但对一个国家来说，其拥有的本国货币由这个国家自己创造（货币由国家的金融体系凭空创造），不够了还能再印。所以，货币数量并非刺激政策的真正约束。

需求面刺激政策的约束在供给能力——当刺激政策令国家内需（国内消费加投资）超过国家供给能力时，刺激政策就碰到了紧约束，没法再继续用了。这是因为当内需超过国内供给能力的时候，会带来需求拉动型通胀，令物价不断加速上升，从而引发宏观经济的混乱。

当然，此时这个国家为了避免通胀走高，可以靠进口来弥补国内供给的不足。这虽然可以抑制国内通胀，但必然会造成贸易逆差，令本国所欠的外债不断走高。毕竟，别国不可能把商品白送给你，贸易逆差一定是用本国欠的外债换来的。而外债要靠国际硬通货（通常是美元）来偿还。除美国之外的其他国家，美元用完就用完了，没法自己印。一个国家如果缺乏足够的国际硬通货来偿付其外债，就会爆发国际收支危机，令本币大幅贬值，国内经济遭受重创。1997年爆发的亚洲金融危机就是东南亚国家碰到的一场国际收支危机，其严重后果已为人所熟知。

所以，只要一个国家的需求超过了其供给能力，就必然会导致通胀上升，或是国际收支恶化（贸易逆差）。这两个后果中的任何一个，都会让宏观经济失去稳定，爆发危机。在这种情况下，需求面的刺激政策自然没法再用。

因此，判断宏观刺激政策是否碰到了瓶颈，关键要看通胀和贸易顺差这两个指标。通胀走高、贸易逆差的时候，表明国内供给已经不足，需求已然过剩，刺激政策此时会进一步加大通胀和外债压力，令宏观经济进一步失稳。相反，当通胀处于低位（或者通缩）且贸易顺差的时候，国内供给过剩、需求不足，此时刺激政策非但可行，而且很有必要。

一个国家的供给能力是需求面刺激政策的约束，自然也会约束到作为需求刺激手段的财政和货币政策。先来看财政政策。更积极的财政政策总是表现为财政赤字的扩大，这既可能来自财政支出的增加，也可能是由于财政收入的主动下调（比如减税）。财政赤字要靠国家发行国债来弥补。也就是说，财政支出如果超过了收入，政府就得借债来支付超支的部分。

当国家处在产能过剩、有效需求不足的状况时，一定是国内经济没有充分将其总收入（购买力）支出出去，而有部分购买力沉淀了下来。此时，全社会总购买力没有充分转化成为购买行为，从而导致有效需求小于（能够产生总购买力的）总产能。这种情况下，财政通过借债来扩大赤字，本质上是将社会中沉淀的购买力借财政之手花出去，转化成有效需求，从而将闲置产能利用起来，让非自愿失业人员找到工作。因此，此时财政政策能缓解经济中需求不足的压力，令经济形势好转。

财政赤字当然会让政府债务增加。但在产能过剩的国家中，本来就存在因收入分配不合理而形成的过度储蓄（未转变成为购买行为的沉淀购买力）。此时政府债务的扩张，是对国内过度储蓄的纠偏，形成的也是"内债"（债主在国内），政府债务的接续不会有问题。我们甚至可以说，这种情况下政府债务的增加是周瑜打黄盖，一个愿打（政府愿意多借债），一个愿挨（民间愿意借钱给政府），完全可以持续。

但如果国家处在供给不足、需求过剩的状况，出于两方面原因，赤字财政会难以为继。第一，财政支出扩张会更明显地拉动通胀上升，让通胀失控。第二，此时民间部门已经将其购买力充分转化成了支出，并没有过度储蓄沉淀。于是，政府就只能向外国人借债。一个国家需要用国际硬通货偿付的外债是紧约束，欠得多了，国家就会爆发国际收支危机。因此，在产能不足的状况下，刺激性的财政政策会让经济失稳，因而难以持续。

下面再来看看货币政策。货币扩张表现为货币总量的更快速增长。但首先要弄清楚，在现代货币体系中，国家的金融体系虽然可以无中生有地创造名义货币，但名义货币的真实购买力却无法由金融体系（包括中央银行）创造，而只能由实体经济的运行状况决定。换句话说，一个国家的金融体系虽然可以印钞票，但印出来的钞票能不能买到东西，却不由这个国家的金融系统说了算。

在 2021 年 9 月 15 日发表的《货币超发的谬论可以休矣》一文中，笔者论述过，我国广义货币供应量（M2）增速持续快于名义 GDP 增速，M2/GDP 比例持续上升的真正原因是我国的高储蓄率——我国实体经济持续有大量储蓄以银行存款的形式（属于货币口径）积累在金融体系中，导致我国名义货币增速会长期快于名义 GDP 增速。

在供给过剩、需求不足的国家中，存量名义货币所对应的真实购买力没有充分转化为支出行为，从而导致由货币支撑的有效需求小于国家供给能力。此时，增发货币可以提振那些购买力受限之经济主体的支出，从而让有效需求扩张，让经济中被闲置的产能利用起来。而且在这种情况下，因为存量货币的购买力并未充分发挥作用，所以增发的货币并不会带来更高通胀，宽松的货币政策可以持续。

相反，在供给不足、需求过剩的国家中，存量名义货币一定已经充分地转化为经济中的有效需求（所以需求才会过剩）。此时，如果增发货币，这些增发货币所带来的购买行为就会让经济中供不应求的问题更加严重，从而让通胀进一步上升，令经济失稳。

由此可见，无论是财政政策还是货币政策，都只能在经济处在供给过剩的情况下发挥刺激经济的作用。此时刺激政策可以放松经济增长面临的需求瓶颈，令经济产出扩张，经济形势向好，而且这时刺激政策并不会带来通胀失稳、国际收支恶化这样的负面效应。但当经济产能不足时，需求面的刺激政策会加大经济中供不应求的压力，令通胀或国际收支状况恶化，因而弊大于利。

刺激政策的可持续性取决于宏观环境

了解了刺激政策的真正约束在于国家供给能力之后,我们就可以来讨论刺激政策的可持续性问题了。判断刺激政策是否可持续,无非看两点:第一,刺激政策对经济的有利效果是能够持续,还是很快就会失效(就像人体对药物产生抗药性);第二,刺激政策所需要的成本(或者说付出的代价)是否很快会变得不可承受,从而使得刺激政策得不偿失。

以上这两点都取决于刺激政策所处的宏观环境。当经济处在供给不足、需求过剩状况时,经济运行的紧约束在供给面,而不是靠需求面刺激政策能放松的。此时刺激政策既无法令经济向好,也会带来通胀上行、国际收支恶化的成本,可以说是弊大于利,更谈不上可持续性。

但如果经济处在供给过剩、需求不足的状况时,刺激政策就可以让经济产出扩张、就业上行,并且不会有通胀和国际收支方面的过大成本。值得注意的是,这个时候刺激政策确实可能会让政府债务增加,货币增长速度加快,但这些后果并不会威胁到刺激政策的可持续性。

缺乏宏观思维的人可能会错误地将国家比作微观企业,担心更多的债务和货币早晚会让刺激政策付出代价(比如债务危机和通胀及资产价格失控)。但宏观经济的运行规律并非仅凭得自微观的经验所能把握。在供给过剩的宏观经济环境中,政府债务(主要应为内债)和货币发行都可持续。在2023年6月28日发表的《需要全面纠偏对我国债务的认知》一文中,笔者尤其对我国债务可持续性问题做了详细分析,此处不再赘述。

讲到对刺激政策持续性的忧虑，总量上的考虑只是一方面，还有不少人担心以投资为着眼点的这种特殊的刺激政策难以持续。内需由消费和投资两部分组成，刺激内需的宏观政策只能在这二者之中选择落脚点。消费是消费者当期收入的函数，更是消费者对未来收入预期的函数。刺激政策就算可以在短期内增加消费者的收入，也很难有效提升消费者对未来收入的预期，所以消费对刺激政策并不敏感。相比消费而言，投资对刺激政策更加敏感，因而是刺激政策更常选择的"抓手"。2008 年美国金融危机以来，我国的刺激政策主要以投资为目标，道理就在这里。

长期高强度投资之后，我国全社会投资回报率已经明显下降，高回报的投资项目越来越难找到。较高的投资占 GDP 比重与投资回报率持续下降的组合，不禁让许多人对这种以刺激投资来拉动增长的模式还能走多远，抱有越来越大的疑虑。

但投资回报率走低，投资拉动的模式就一定无法持续吗？对微观企业来说多半是这样的。那是因为企业面对着外生给定的、自己不能控制的资金成本。如果企业的投资回报率下降到比资金成本还低的水平，企业就难以偿还为投资而借入的资金，会有债务违约的风险。但宏观经济却未必如此。宏观经济的投资回报率很低的时候，经济中储蓄者对投资回报率的要求（决定着经济中的资金成本）可能更低。

在 2024 年 3 月 28 日发表的《中国经济的上中下三策，要避免滑入下策的不利局面》一文中，笔者曾论述过，全社会投资过剩的时候，最有效的投资方式其实是减少投资，并将原本准备用作投资的收入拿去消费掉。要做到这一点，需要将收入从做投资的企业部门转移到消费者部门。但在我国，企业向消费者部门的分红渠道不畅，企业向消费者的收入转移因而受阻，所以企业部门的收入会刚性地留下来，不会因为投资回报率的降低而自动流向消费者，转变成消费。这种情况下，我国的企业部门是一个对储蓄回报率不敏感的储蓄者——企业部门在很少向消费者分红的情况下，收入除了变成储蓄和投资，也没有别的出路。这是我国储蓄过剩、投资过剩，乃至供给过剩的主要成因。

于是，我国国内投资的回报率虽然确实不高，但不投资，收入也不会自动流向消费者转变成消费，而只能变成经济中沉淀的购买力（变成过度储蓄），加重有效需求不足的问题。换句话说，在需求不足的宏观环境中，如果有人认为做低回报投资是对国民收入的浪费，因而不可持续，那么他还必须知道，此时不这么做（做低回报投资）也不会带来国民收入的更有效利用，反而会让收入沉淀下来而产生更大浪费，最终让经济落入需求不足带来的衰退和危机之中，让经济运行更加不可持续。所以在我国当前因收入分配结构而产生的需求不足之经济格局下，高投资非但可以持续，而且还是经济保持平稳的必要条件。

凯恩斯在《就业、利息和货币通论》一书的第十章曾经提出过雇人在地上"挖坑"来创造需求、刺激经济的建议。在地上"挖坑"当然谈不上什么回报，但却是经济处在需求不足状况下有效的应对办法。不懂宏观经济运行的人可能会从自身的微观经验出发，对凯恩斯的"挖坑"理论嗤之以鼻，但拥有宏观思维的人却能看出"挖坑"理论中反（微观）直觉的智慧。运用这种智慧，便能发现我国当前高投资的合理性和持续性。

最后，我们再来谈谈刺激政策的副作用问题。事物总是二分的，有利必有弊。尤其在当前我国经济各方面矛盾相互纠缠的复杂局面中，没有任何宏观政策能做到只有好处没有坏处。刺激政策当然也会带来种种副作用。但重要的是把正面和负面效果结合起来看，综合评估刺激政策之利弊。在实践中，刺激政策的副作用还可以通过优化政策执行来加以控制。在经济处于供给过剩、需求不足时，刺激政策利大于弊。因为一些副作用就否定刺激政策，无异于因噎废食。

刺激政策与结构改革不矛盾

不少人还认为刺激政策会延缓甚至阻碍经济结构改革，所以反对刺激政策。近些年来，我国刺激政策的主要着力点在基建投资和地产投资这两个传统经济增长引擎上。有人担心，将资源投放在这二者之上，既可能固化我国投资拉动的传统增长模式，还可能挤占经济转型所需之资源，从而阻碍我国经济结构改革。但这种担心缺乏根据。

将刺激政策与结构改革对立起来的看法似是而非，搞反了因果关系：刺激政策是经济结构问题的结果而非原因——正是因为经济存在结构不合理之处，所以需要利用刺激政策来稳定经济，而不是反过来，因为在用刺激政策，所以经济结构不合理。

在谈我国经济结构时，有需求面和供给面两个所指。在需求面，我国的结构问题主要是消费不足导致的内需不足；而在供给面，我国的结构问题主要表现为产业结构不够优化，且在部分行业存在关键供给瓶颈。当前我国经济面临的需求收缩、增长减速之压力，主要产生于我国需求面的结构问题。而需求面的结构问题，是刺激政策可以对冲的领域。

在《中国经济的上中下三策，要避免滑入下策的不利局面》一文中，笔者已经详细分析过，我国因为居民总收入占经济比重较低，所以长期存在消费不足、内需不足的经济结构问题。面对这种情况，"上策"是调节收入分配结构，增加居民收入和居民消费占经济的比重，从而疏通我国经济内循环的堵点，从根本上化解内需不足的问题。

在收入分配结构的改革取得实质性进展之前，我国的"中策"是用刺激政策来刺激内需。刺激政策的落脚点只能落在组成内需的消费和投资中；在投资中，又只能在基建投资、地产投资和制造业投资这三大组成部分中选择。从政策效果来看，基建投资和地产投资是刺激政策着力点的最好选择。这是因为一方面，刺激制造业投资会直接带来产能扩张，加大供给过剩、需求不足的压力；另一方面，消费受限于居民消费，很难在短期内被刺激起来。

面对我国需求面的结构问题，调节收入分配的"上策"与刺激投资的"中策"并不矛盾。正是因为"上策"推进不足，所以才需用"中策"来稳定需求和经济增长。而且，在当下内需不足的经济环境中，刺激政策并不会"挤占"经济转型所需资源，反而会"带动"民间支出——没有刺激政策，经济中会有更多资源被闲置和浪费。不取"上策"和"中策"，只是期望经济需求面结构的不合理之处因为增长放缓而自动消失，是不切实际的一厢情愿。

面对我国供给面的结构问题，刺激政策虽不能代替结构改革，却可以营造一个稳定的宏观经济环境，从而对产业转型升级提供有力支持。产业的发展和结构的调整主要靠企业自发的投资和研发。如果没有一个稳定的宏观经济环境，企业会因为缺乏稳定信心和良好预期而减少投资，削减研发开支。很难想象，当企业大面积挣扎在破产边缘的时候，产业结构能够快速转型升级。因此，在经济因需求不足而增长乏力的时候，通过刺激政策稳住经济增长，可以提升各个经济主体的收入和信心，有利于供给结构改革的推进。那些认为经济减速和危机可以倒逼供给结构改革的想法，更可能带来各行业的萧条，反而延缓甚至阻碍我国供给面的转型升级。

所以，刺激政策与结构改革并不矛盾。而且在实践中，可以将刺激政策和结构改革结合起来。比如，政府刺激政策在发力时，可以把着力点更多放在消费上，一方面增加消费者的收入，另一方面化解约束消费的供给堵点。又比如，在刺激基建投资时，可以更多向约束我国经济发展的"新基建"瓶颈处用力。还比如，在刺激地产投资时，可以通过更富价格弹性的土地供给制度，让土地和房屋的供给与人员流动方向更好地匹配起来，既发挥地产投资稳增长的作用，也切实提升人民群众在住房上的获得感。认为刺激政策会阻碍结构改革，甚至认为不刺激就能自动实现结构改革的想法，对经济是有害的。

刺激经济不是"饮鸩止渴"

在全面阐述了刺激政策的是非评价逻辑之后，我们现在再来反驳当前有关刺激政策的一个流行误解，即将刺激政策比作毒酒，说刺激经济是"饮鸩止渴"。这种误解背后的潜台词是，刺激政策就算短期能有效果，也必然会在长期带来严重后果。本文对刺激政策持续性的讨论其实已经揭示了这种观点的偏颇之处。在这里，我们准备从历史的角度对这种误解再进行一番剖析和反驳。

对刺激政策的反对在经济学发展历史中早已有之。哈耶克

（1974年诺贝尔经济学奖得主）在1932年出版的《物价与生产》（Price and Production）第三讲"信贷周期中价格机制的作用"中，写下了这么一段话：

> （如果通过增加货币供给的方法来）人为创造需求，那就一定意味着一部分可用资源被引导至错误的方向，并使一种必然会到来的持续的调整再一次受到阻滞。即使闲置资源因刺激而被加速吸收，也会为新的纷扰和新的危机播下种子。因此，如果要持久地"动员"一切可用的资源，唯一的办法不是采取人为的刺激——无论在危机时期还是在危机之后都一样——而是让时间去完成一个持久的治疗……我们或许可以用及时扩张的办法来避免一次经济危机，不过危机一旦发生，在它未自行消失之前，我们是无法摆脱它的。

哈耶克相信，刺激政策或许可以在短期内避免经济危机，但也会阻碍市场的调整机制发挥作用，从而为新的危机埋下种子。因此，政府对经济危机的正确应对是什么也别做，等待市场在经过一段时间的自行矫正和治疗后恢复正常。

毫无疑问，哈耶克就是凯恩斯眼中的"乌托邦"式的人物，相信市场会自发回到有效状态，而任何对这一自发恢复过程的干扰（比如采取刺激政策）都只会延缓经济的修复，甚至还会为新的危机埋下种子。

但早在1923年，凯恩斯就在《货币改革论》一书中写下了这么一段话：

但长期是对当前事务的一种误导。长期而言，我们都会死的。在暴风雨的季节里，经济学家如果只是告诉我们，当暴雨过去海面会恢复平静，那么他们将自己的任务也设定得太容易、太无用了。

在这里，凯恩斯所讲的"长期"，代表着笃信市场的经济学家（如斯密、李嘉图、哈耶克）对经济运行的一种理想化的假设，即经济会在市场自发的作用下，在长期回归到最有效的状态。而在市场回归有效之前的"短期"——不管其中包含多少颠簸和苦难——是我们不能干预、必须耐心等待的过程。

但无论是在理论上还是在实践中，这种市场自发恢复有效状态的假设都已被证伪。即使在西方经济学发源的西方发达国家中，也很少有人完全相信市场的有效性。当前经济学家普遍的看法是：市场可能在相当长时间里偏离有效状态，而在市场偏离有效状态之时，宏观政策需要有所作为——经济需求不足的时候，要做政策刺激；需求过剩时，要做政策调控。从这个意义上来说，大部分人认为凯恩斯是对的，我们大部分时间生活在市场偏离有效状态的"短期"，必须要有所作为，而不能以理想化的"长期"作为行动的指南。

在我国，哈耶克所设想的那种理想化的"长期"既非现实，也非中国特色市场经济的追求方向。我国市场运行不同于西方经济学理想假设的那种有效状态。这固然是因为我国仍然存在妨碍市场运行的体制机制性约束，这些约束一定程度上阻碍了市场力量的发挥，但更重要的是，中国特色的市场经济本身就是"中国特色有效市场"和"有为政府"的有机结合，而"中国特色有效市场"与西方经济学理想化假设的那种有效市场有根本差异。

当称道我国政府有"集中力量办大事"之优势时，我们必须看到这种优势建立在政府对市场的较强引导力之上，以及与这种政府引导力相伴随的市场对政府的依赖。如果市场已经如西方经济学所假设的那样自足地达到了最优，任何对市场的干预都只能带来对最优的偏离，那"有为政府"根本无从谈起。哈耶克所设想的有效市场，绝非我国的现实，更不是中国特色市场经济要追求的目标。

自然地，用继承于哈耶克的市场原教旨主义之思想，将刺激政策比作毒酒而加以反对，既与我国经济现实不符，更不符合中国特色市场经济的导向。在我国宏观经济实践中，刺激政策不仅是对市场无效乃至市场失灵的抵补，而且是中国特色有效市场的组成部分，理应根据经济形势的变化，该出手时就出手，而不应被"饮鸩止渴"这样似是而非的说法束缚住手脚。

需求不足时该刺激就刺激

通过上面的分析我们可以看出，刺激政策的是非评价应该放到特定的宏观环境中来进行。同样的刺激政策，在不同宏观环境中可能产生截然不同的效果。因此，该不该刺激，需要视宏观经济环境而定，不能一概而论——该刺激的时候不刺激，与不该刺激的时候刺激，都是不对的。

刺激政策的持续性也要视宏观环境而定。刺激政策的真正约束在于宏观经济的供给能力。只要供给能力约束没有收紧（经济需求不足、供给能力富余），则刺激政策既能持续产生有利于经济增长的正面效果，也能持续获取必要资源来加以推行，持续性没有问题。因此，刺激政策应视反映供给约束是否收紧的通胀和国际收支情况而定，在通胀低于目标值、国际收支顺差的时候刺激需求，而在通胀高于目标值、国际收支逆差时退出。

在考虑是否需要采取刺激政策时，一定要从经济的实际状况出发，用脱离现实的大而化之的语言来讨论刺激政策，一味地说刺激政策好或是不好，都不利于我国经济的高质量发展。事实上，扩张性的刺激政策也好，紧缩性的调控政策也罢，都是政府调控宏观经济的技术性手段而已，分别有其适用和不适用的经济环境。不能武断地将某些手段打入另册、束之高阁，更不能将这些技术性的、需视情况而灵活使用的手段，与我国长期要坚持的大政方针挂钩或对立起来。否则会画地为牢、自我设限，人为加大政府调控经济运行的难度。

2014年9月，在经济下行压力加大的背景下，市场对降息的预期很高。当时，有一种反对降息的声音，将市场对降息的预期看成对改革的不信任。2014年9月17日，人民网发表了《人民财评：降息不是改革的对立面》一文，驳斥了将降息这样的技术性决策与改革这样的大政方针对立起来的错误看法。这篇文章说：

> 市场期待降息和是否信任改革没有必然关系。中国经济"新常态"本身就是尊重经济发展规律的，在不同阶段采取灵活的货币政策是普遍共识，是否降息、降准都应该取决于经济运行的实际情况。未来，在不改变货币政策大方向的同时，定向降息或者定向降准的可能性仍然存在。
>
> 对经济政策解读不要政治化，经济形势发生变化，政策就应当适时适度调整……降息升息是相机抉择的政策选择，不

要"上纲上线","上纲上线"会绑架政策选择,失去时间窗口会后悔莫及。

十年过去了,人民网这篇评论的观点仍然成立。我国建设中国特色市场经济,走向高质量发展的方向是确定无疑的。而刺激政策作为政府调控宏观经济的工具之一,与我国经济发展的大方向没有矛盾,所需的只是根据经济形势的变化,适时适度地使用这一工具。在当前我国经济需求收缩、压力较大的情况下,刺激政策该用就得用。

10万亿元刺激计划能否换来持续繁荣？

滕泰

万博新经济研究院院长

2024年9月，国务院发展研究中心原副主任刘世锦提出了10万亿元的经济刺激加改革的扩大内需方案，我认为这个融合了消费刺激、投资刺激和改革的一揽子方案，既是当前经济背景下扩大内需的必然要求，也比较符合当前的决策体制和决策观念，是一个相当有政治智慧、有很强的可接受性的政策建议。

但是，从结构上，我建议10万亿元扩大内需计划还是应该集中在扩大居民消费方面，否则，如果在体制惯性下被各地方大部分用于继续扩大投资支出，结果不但宏观乘数较低，而且还会形成新的供给过剩，不利于确保取得持续的经济繁荣效果。

10万亿元经济刺激计划的必要性和迫切性

首先，当前经济的形势恐怕比2008年、2009年更严峻。2007年开始的美国金融危机曾对中国出口带来严峻挑战，但是，由于彼时整个中国经济还处于快速工业化和快速城镇化的过程中，国内投资和消费都有巨大的增长潜力，因而伴随着4万亿元投资计划的出台和积极货币政策的持续扩张，2009年二季度中国经济就开始逐步企稳回升。

相对于2008年、2009年，我们这次面临的经济挑战不是外部冲击，而是结构性的内需不足——一方面，工业化和城镇化高峰已过，投资已经严重过剩；另一方面，居民收入增长慢，居民消费不足。

这种结构性内需不足的影响主要表现在几个方面：经济增速逐年下滑；物价低迷并有通货紧缩的风险；房价持续下跌，房地产投资负增长；股市长期下跌；年轻人的失业率较高；地方政府的债务负担加重；财政支出缺口扩大。这些情况带来的挑战比2008年或2009年的外部冲击更严峻。

受结构性内需不足的影响，当前的一些指标，如房价、股市指数、物价指数、失业率、地方财政赤字等，有的还不及2020年。对于这些情况，决策部门越是认识深刻，企业家和投资者会越有信心，因为客观判断是科学决策的基础。

因此，为了让年轻人有更好的就业和发展前景；为了提振消费，让经济能够畅通循环，让企业的产品能够更好地销售出去；为了化解房地产风险，提振股市信心，让家庭有更多财产性收入；为了避免通货紧缩风险，扭转企业盈利下滑甚至亏损的状况；为了改变企业和家庭资产负债表的衰退趋势；为了尽快改善地方政府财政收支缺口，我们都应尽快推出大规模的扩大内需计划。

从以上角度，我认为刘世锦提出的10万亿元经济刺激加改革方案不仅是必要的，而且是当前中国经济迫切需要的。

值得重视的是，我们之前已经出台了一些扩大内需的政策，包括一些重大项目的开工、设备更新改造、城市更新和家电以旧换新等，正在对内需发挥潜移默化的积极作用。

但是如果能够充分重视、系统规划，尽快出台一个10万亿元规模的一揽子扩大内需计划，对于提振企业信心、繁荣消费、畅通内循环，其效果可能比挤牙膏式的扩大内需行动更好。

10万亿元经济刺激计划够不够？

2008年的4万亿元，相当于当时GDP的10%~15%。根据我们现在将近130万亿元GDP的规模，再考虑到这次经济挑战比2008年更严峻，如果刺激计划达到GDP的10%~15%，总规模应该在15万亿元左右。

从2020年疫情冲击下各国扩大需求的规模来看，大部分刺激计划都达到GDP的15%。以美国为例，疫情前后美国GDP约为21万亿美元，累计向美国居民和中小企业发放现金接近3万亿美元，更重要的是还有大幅降息和史无前例的量化宽松政策。

从实施效果看，虽然承受了两年通货膨胀，但这些政策的确带来了消费和投资的旺盛需求，推动了股市、房地产等资产市场的持续繁荣，实现了美国历史上较高的就业水平。如果参照美国刺激需求的15%这个比例，我们的刺激计划规模应该不低于15万亿元。

总之，如果对照以上两个案例，10万亿元经济刺激计划略显保守。当然，10万亿元扩大内需计划够不够，关键不是总规模，还要看用在什么方向、有没有货币政策配合，以及产生多大的宏观乘数效应。

以货币政策配合为例，不论是美国还是日本与欧洲，在2020年疫情冲击下都大幅降低利率，并实施了史无前例的量化宽松政策，很多国家都把利息降到零利率甚至负利率。如果经济史上有哪一次经济衰退还伴随着严重的货币紧缩,那就是1930年代的"大萧条"。

虽然当时美联储有能力改变货币紧缩的局面,但是它并没有这样做。之所以出现这种情况,一是因为市场对此并未察觉和重视,二是那时还没有凯恩斯主义经济学,那个时代的宏观管理者对逆周期调控毫无经验。

在1936年凯恩斯出版《就业、利息和货币通论》之后,一旦遭遇经济衰退,降息和量化宽松就成为各国宏观政策的标配,类似于"大萧条"时期经济衰退与货币紧缩同时出现的情况,就再也没有在市场经济国家上演过。

我们如果推出10万亿元经济刺激计划,有没有降息、增加货币供应量等货币政策配合,是十分关键的。

刘世锦提出,不能简单效仿发达国家的量化宽松政策,这自然是有道理的。但是,也没必要简单排斥量化宽松政策,只要对中国经济繁荣有好处,任何国家的经验都可以学,当然具体还要结合本国的实际情况。

如果有足够规模的一揽子扩大内需计划,并且有宽松货币政策的配合,那么我们就应该对中国经济企稳回升抱有足够的信心。

因为几十年前我们缺少技术、缺少人才、缺少制造业能力,芯片、工业软件等也完全依赖国外,而这些现在我们都已经实现了自给,需要的不过是提振需求、畅通经济循环而已。

一个14亿人口的大国,只要开启迈向需求繁荣的正向循环,将来必然是全球最大、最繁荣的消费市场。

10万亿元应以消费补贴为主，而非扩大投资

考虑到扩大内需的迫切性，以及结构性内需不足的实际情况，笔者认为10万亿元经济刺激计划不应该再扩大投资，而应以各种方式向居民发放消费补贴为主。

首先，向居民发放现金补贴或消费券，其效果并非像某些学者讲的那样是一次性的或不可持续的，恰恰相反，在消费不足、经济循环不畅的情况下，发放现金补贴或消费券不但能带来3倍以上的宏观需求乘数，而且是繁荣市场、促进企业消费的最重要切入点。一旦经济循环畅通了，其繁荣经济的效果是长期持续的。

其次，消费既是生产、流通的目的和终点，也是经济循环的新起点，是人类一切经济活动的终极目的。

党的十九大提出"满足人民日益增长的美好生活需要"，怎么实现？就是通过居民消费来实现。所以，消费不是浪费，发放现金补贴或消费券不是"打水漂"，而是真正消化过剩产能、满足人民美好生活需要的过程。

当然，任何经济发展既需要投资也需要消费，就如同刘世锦所说，不存在有投资无消费和有消费无投资的经济。

然而，在不同发展阶段，投资和消费还是要有合适的比例。比如，中国长期以来每年有五六十万亿元的固定资产投资，投资率高达43%左右，比其他国家高20个百分点，而且连续这么多年，是不是太高了？

当然，任何阶段都需要基础设施、新基建、厂房设备和房地产投资，那按照各国正常水平，比如25%的投资率，中国每年三四十万亿元投资是不是就够了？每年多出的十几万亿元低效

投资、无效投资，如果能够转化为居民收入、扩大消费，是不是更好？

如果10万亿元经济刺激计划的资金不是通过压缩低效、无效投资节省出来的，而是通过发放长期国债的方式筹集而来的，那这些钱是主要花在扩大基建投资上，还是花在增加居民收入、补贴居民消费上，效果会有天壤之别。

当然，企业自担风险的投资，该投的还是可以投，地方政府如果能找到深中通道这样兼具社会效益和经济效益的项目，也可以自筹资金投资，但是如果中央安排10万亿元扩大内需资金，那就必须确保把钢用到刀刃上，确保扩大内需的效果，确保能够提振信心、畅通经济循环，形成持续的经济繁荣局面。

从经济发展史的角度来讲，任何一个国家在工业化前后都要经历从短缺经济到供需两旺，再到消费需求不足的转变——与这个转变相匹配的，就是财政政策从建设财政到民生财政的转型，以及财政政策和货币政策的角色转换。

在短缺经济阶段，用财政资金搞基础设施投资对经济拉动的作用是最大的；在供需两旺阶段，扩大基建投资对城镇化和工业化的支持力度也是非常大的；而在后工业化、后城镇化、后基建时代，尤其是消费需求不足的阶段，如果继续搞不必要的基础设施投资，就会造成极大的社会资源浪费，反而加剧总需求不足。

以美国为例，在二战前的罗斯福新政时期，政府扩大内需的主要方式是搞基础设施投资；但是二战以后的五六十年代，也有几次经济衰退，彼时扩大财政支出的方向就更多在社保、医疗等民生领域；1990年代以后，当基础设施相对完善，连社会保障支出也相对稳定之后，再遇到经济危机就只能是货币政策唱主角了。

在 2000 年、2008 年、2020 年等经济衰退年份，冲在前面的都是格林斯潘、伯南克、鲍威尔们，美国财政部虽然也发挥积极作用，比如发钱，但是其救济和发放现金的主要资金来源还是美联储认购国债，本质上也可以视为宽松货币政策的一部分。

结合经济史和各国扩大内需的历史，为什么说我们继续扩大基建投资可能是饮鸩止渴呢？

回顾一下 2020 年我们面对疫情时所采取的重生产、扩大投资的效果，当年投资对经济增长的贡献高达 90%，而消费贡献为负。虽然短期看投资拉动了内需，但一两年后这些投资就形成了新增供给，形成了更严重的供给过剩。

虽然在 2021 年、2022 年，这些过剩供给恰好被旺盛的欧美需求所吸收，矛盾被掩盖，但是 2023 年下半年以后问题就逐步暴露出来。这样的循环，还要再重复一轮吗？

从扩大内需的总体效果来看，扩大投资是少数项目、少数地区、少部分相关人受益；而发消费补贴或消费券则更直接、更公平、更快捷，受益范围更广，扩大内需、畅通经济循环的效果更佳。

至于有人说大家都发钱就相当于不发钱，担心会产生通货膨胀，其观念显然还停留在几十年前的短缺经济年代，而且对中国供给过剩、居民需求不足的情况理解不够深刻。短缺经济防通胀，过剩经济防通缩，因为通货紧缩比通货膨胀更可怕，更难战胜，伤害更大。

假设以向商业银行或其他金融机构发行长期国债或循环发短期国债的方式筹集到 10 万亿元扩大内需的资金，如果从收入端入手，给居民发放消费补贴，宏观乘数效应是 3 倍以上，长期可以衍生出 30 万亿元以上的总需求，自然可以畅通经济循环，换来中国经济的长期繁荣。

反之，如果用这些资金继续以各种理由扩大投资，宏观乘数效应大约为1，不但不能畅通经济循环，换来经济繁荣，而且这些投资还会变成新的供给，进一步加剧中国经济总需求不足的矛盾。

10万亿元经济刺激计划，是按照体制惯性、决策习惯，顺应相关利益部门的诉求继续搞基建投资，陷入"过度投资陷阱"，还是彻底转变观念，排除利益部门干扰，惠民生，真正化解中国居民消费不足之痛？这是一个决定中国经济能否持续繁荣的最关键、最困难的抉择。

/第三章/

提振消费与扩大内需

如何提振消费、扩大内需[①]

闫衍
中国人民大学经济研究所副所长，中国宏观经济论坛（CMF）副主席

2024年9月26日中央政治局会议以来，一揽子增量政策效果逐步显现，11月份的宏观数据延续边际改善，规模以上工业增加值、制造业投资，尤其高新技术投资保持了较高增速，出口呈现出一定韧性，房地产销售额和销售面积降幅边际收窄。金融数据也有所改善，M1（狭义货币供应量）降幅较10月大幅收窄2.4个百分点至-3.7%，M2和M1剪刀差大幅收窄，表明化债在一定程度上缓释了地方政府的付息压力和融资平台的流动性压力。但与此同时，消费不足问题仍然比较突出，11月社会消费品零售总额仅增长3.0%，较10月回落1.8个百分点，1—11月累计增长3.5%，与前值持平。12月的中央政治局会议和中央经济工作会议均提出要"大力提振消费""全方位扩大国内需求"。如何提振消费需求，成为当前宏观经济运行的重点，同时也是2025年在出口面临较大不确定性下对冲出口压力、实现5%左右经济增长目标的关键点。

[①] 本篇数据资料除注明来源外，均取自国家统计局官网。——编者注

当前我国消费需求的主要特征

2024年,我国消费增长势头持续放缓,最终消费对经济增长的贡献边际走弱。11月社会零售总额(以下简称"社零")同比增长3.0%,1—11月累计增长3.5%,总体看增速并不高,与工业增加值5.8%的增速相比有2.3个百分点的差距。从三大需求对GDP增长的贡献率来看,最终消费对增长的贡献从2023年三、四季度的高点80%左右,下降至2024年11月的50%左右,并且2024年第三季度与第二季度相比,也下降了10个百分点,呈现持续下行态势。而2024年前三季度,货物和服务净出口对经济增长的贡献率达到了23.8%,即约1/4左右的经济增长是由出口贡献的。[①]整体来看,消费放缓和走弱趋势持续,并呈现出以下四个结构性特征。

一是商品消费与服务消费分化,服务消费显著偏离常态增长趋势。从服务消费和商品消费增速的变化趋势来看,服务消费增速放缓趋势更加明显,2024年1—11月服务零售额同比增长6.4%,较2023年大幅下降了13.6个百分点,而同期商品零售额同比增长3.2%,较2023年仅下降了2.6个百分点。从常态增长趋势来看,当前基础商品消费已经恢复到原有路径,而服务消费增长显著低于趋势线,并与趋势线之间的缺口越来越大,表明商品消费和服务消费分化进一步加大。

二是消费结构分化,与房地产相关消费回落,升级类产品消

---

① 赵同录. 前三季度我国经济运行总体平稳,高质量发展扎实推进[OL].[2024-10-18].https://www.stats.gov.cn/xxgk/jd/sjjd2020/202410/t20241018_1957066.html.

费上行。当前一方面，房地产仍处于下行周期，导致房地产相关消费回落，其增速显著慢于社零的增速，对整体居民消费形成一定拖累。另一方面，通信、体育娱乐、汽车等升级类产品消费占比波动上行，消费结构呈现分化趋势。

三是消费呈现区域分化态势，消费下沉现象突出。一、二线城市消费增长走弱，三、四线城市消费增长相对走强。2022年以来，三、四线城市社零增长在总体社零增长中占比不断上升，2022年达到26.2%，较2021年大幅上升了18.1个百分点，虽然2023年有所回落，但14%的水平仍高于其他年份。另外从不同城市的社零增速来看，三、四线城市社零总体增速显著快于一、二线城市。例如，2024年前三季度，洛阳社零同比增长了5.9%，北京则下降了1.6%，消费下沉现象较为突出。

四是消费降级现象依然存在，终端消费的提振仍面临较大压力。疫情疤痕效应叠加前期房地产和股市下行导致财富缩水，居民消费降级的现象较为普遍。2019年以来，食品烟酒消费在居民支出中的占比持续提升，由28.2%上升至2025年前三季度的30.1%，恩格尔系数持续上行，消费降级特征突出。

如何提振消费、扩大内需

2024年12月召开的中央政治局会议和中央经济工作会议提出，要把扩大内需作为长期战略之举，加快补上消费短板，把扩大消费作为2025年经济工作的首要任务。这意味着扩大内需将成为2025年宏观经济政策发力的重点，而提振消费是扩大内需的主要手段。根据2024年中央经济工作会议，未来提振消费、扩大内需具体包括:"实施提振消费专项行动,推动中低收入群体增收减负,提升消费能力、意愿和层级。适当提高退休人员基本养老金,提高城乡居民基础养老金,提高城乡居民医保财政补助标准……创新多元化消费场景,扩大服务消费,促进文化旅游业发展。积极发展首发经济、冰雪经济、银发经济。"[①] 当前投资已经进入了边际乘数效应递减阶段,消费乘数已显著高于投资乘数,未来需要进一步扩大消费,提升消费对经济增长的拉动作用。具体来看,提振消费应采取以下措施。

一是继续发挥"两新""两重"对消费和经济增长的拉动作用。2024 年以来,"两新""两重"在提振消费、扩大内需以及拉动经济增长方面发挥了较大作用。从当前 1 万亿元超长期特别国债的分配和使用效果来看,3 000 亿元(30%)用于"两新"领域,大约拉动 GDP 增长 0.34 个百分点;7 000 亿元(70%)用于"两重"领域,大约拉动 GDP 增长 0.1 个百分点。因此,2025 年应继续加大超长期特别国债发行规模,从 2024 年的 1 万亿元扩大至 1.5 万亿元,加大对"两新""两重"领域的支持,进一步提振消费,扩大内需,拉动经济增长。

二是消费品以旧换新政策有效持续释放,进一步加大政策支持力度和范围。消费品以旧换新政策在推动家电、汽车及相关消费品销量增长方面起到了比较明显的作用。商务部数据显示,截至 2024 年 12 月 13 日零时,消费品以旧换新政策已带动相关产品销售额超 1 万亿元。具体来看,汽车以旧换新带动乘用车销售量超 520 万辆;家电以旧换新带动八大类产品销售量超 4 900 万台;家

---

① 中央经济工作会议在北京举行[N].人民日报,2024-12-13(01).

装厨卫以旧换新带动相关产品销售超 5 100 万件；电动自行车以旧换新带动新车销售近 90 万辆。① 因此，2025 年应继续加大消费品以旧换新政策力度，加大超长期特别国债应用于以旧换新的规模，同时进一步扩围以旧换新领域。目前来看，2024 年上半年第一轮以旧换新主要围绕汽车、家电、家装等商品展开，下半年第二轮以旧换新把电动自行车等商品也包含进来。2025 年应在上述基础上进一步扩围，将全品类家装家居、农机器具、手机和平板电脑等电子产品纳入消费品以旧换新政策范围，进一步扩大消费对经济增长的提振作用。

三是拓展服务消费供给，创造新需求，培育新型消费业态。2024 年 8 月国务院印发《关于促进服务消费高质量发展的意见》，提出通过优化和扩大服务供给，挖掘餐饮、家政等基础型服务消费潜力，激发文化娱乐、旅游、教育等改善型服务消费活力，培育壮大数字、绿色等新型消费，对拓展居民服务消费起到较为积极的效果。下一步需要从政策上加大转移支付力度和消费补贴范围，将消费补贴从过去的商品消费领域进一步扩大至服务消费领域，进一步扩展服务消费空间，从而带动整体消费的提升。

四是将短期促消费与中期社会保障体系建设相结合，激发消费潜力。短期来看，要将促消费与惠民生相结合，重点加强对就业困难群体及低收入人口的救助帮扶；通过发行超长期特别国债，加大惠民生财政补贴力度，通过政策刺激和财政补贴来进一步加大促消费力度。从中长期来看，需要进一步推动社会保障体系改革，着重

---

① 消费品以旧换新带动相关产品销售额超 1 万亿元 [OL].[2024-12-13].https://www.gov.cn/lianbo/bumen/202412/content_6992455.htm.

解决民生领域的医疗、教育、养老、托幼等短板问题，解决居民后顾之忧，提高消费意愿，释放居民大规模储蓄潜能。其中最重要的是要加强社会保障体系的改革。当前我国在社会保障方面的整体投入相对较低，未来需进一步提升社会保障方面的财政支出力度，进一步改善居民消费预期，将短期政策和中长期改革结合起来，更好地激发消费潜力。

五是重视公共消费对扩大消费需求的支持作用。二十届三中全会提出，要合理增加公共消费。当前公共消费主要分布在社会性功能较强的行业领域，比如公共管理、卫生、教育和科研等，这些领域对于扩大公共消费、推动消费提升发挥着较强的拉动作用。但是，目前我国公共消费在总体消费中占比偏低。相关数据显示，我国公共消费水平处于发展中国家的中等水平，与发达国家和经济体相比仍有较大差距，公共消费还有较大提升空间。值得关注的是，目前公共消费尤其是地方政府公共消费支出，受地方债务风险化解压力影响，在过去一个时期面临较大的约束。后续随着地方政府债务风险的化解，未来在加大公共消费支出力度方面仍有一定的空间，从而进一步提升公共消费对总体消费的拉动作用。

六是多渠道增强消费能力，促进居民收入增长与经济增长同步。2024年年底的中央经济工作会议提出要促进居民收入和经济同步增长。目前来看，居民收入增长尤其是名义收入增长依然慢于GDP增长，因此在中央经济工作会议的政策推动下，预计居民收入尤其是居民可支配收入将会有所提升，对整个消费拉动作用会有所增强。目前国家居民人均可支配收入占人均GDP的比例只有43%，这与发达国家70%左右的比重还存在较大差距。后续增加居民可支配收入，需要在改革和政策方面做出较大的调整，例如通过降低居民社保缴费的比例来提升居民可支配收入。这些改革和政策调整短期内都会起到比较明显的效果,能够有效增加居民收入尤其是居民可支配收入,短期内对提振消费、扩大内需会起到比较重要的作用。

以一揽子政策为经济注入强劲内生动能

余永定
中国社会科学院学部委员

2024年前三季度，我国社零增速为3.3%，固定资产投资增速为3.4%，货物进出口总额同比增长5.3%。在固定资产投资中，前三季度制造业投资增长9.2%，基础设施投资同比增长4.1%，房地产开发投资下降10.1%。[①] 应该说我们面对的挑战是严峻的。

中国当前面临的主要问题有：尽最大可能争取实现经济增长目标；稳定房地产市场；地方政府债务重组和置换；此外，股票市场的回升和稳定也是重要问题。

宏观经济政策的方向性调整

在相当长的时期，中国宏观经济政策一直强调"化解过剩产能""不采取短期刺激措施、不扩大赤字、不超发货币，而是增加有效供给，释放潜在需求"。

[①] 国家统计局. 前三季度国民经济运行稳中有进 向好因素累积增多[OL].[2024-10-18].https://www.stats.gov.cn/sj/xwfbh/fbhwd/202410/t20241018_1957044.html.

面对通缩压力，我们并未立即采取扩张性财政政策和货币政策的原因主要有两个。

第一，没有明确区分宏观层面的"产能过剩"和产业层面的"产能过剩"。这里首先存在一个"层面"不同的问题，宏观层面的产能过剩＝总需求不足；决定是否采取扩张性财政政策和货币政策要看通胀和经济增速，如果两者都在下降（或低于根据长期趋势预定的目标，如 CPI 增速低于 3%~4%），就应该采取扩张性财政政策和货币政策。宏观层面的有效需求不足是可以同产业层面的"产能过剩"并存的。后者的存在不能否定前者的存在。其次，还存在一个时间差问题。此时的产能过剩往往是彼时（前 2~3 年）投资过度而不是当期的投资过度造成的。压缩当期的有效需求无法影响已经形成的产能，只会使有效需求更为不足（或"产能过剩"更为严重）。最后是工具问题。产业层面的产能过剩应该主要通过市场调节解决。政府没有解决产业层面产能过剩的宏观经济政策工具。

第二，过于担心中国的高杠杆率（政府和企业的杠杆率），认为没有执行扩张性财政政策和货币政策，特别是扩张性财政政策的余地。经验告诉我们，宏观经济政策目标不应过多。名义上，我们宏观政策的目标至少有四个，包括经济增长、就业、物价稳定、汇率稳定。不仅如此，事实上我们还要考虑到产能问题、房地产市场波动、金融稳定等。目标太多就会顾此失彼，其中一些目标应该是其他政策的目标，不应该是宏观经济政策的目标，也无法通过宏观经济政策来解决。

2022 年 12 月召开的中央经济工作会议提出，"总需求不足是当前经济运行面临的突出矛盾"，标志着中国宏观经济政策的重大调整。

2024 年 9 月 24 日中国人民银行会同国家金融监督管理总局和

证监会、10 月 8 日国家发展和改革委员会、10 月 12 日财政部相继在国新办新闻发布会上，向市场释放了进一步加强扩张性货币政策和财政政策、刺激有效需求的重要信号。

货币政策由稳健到支持性的转变

中国人民银行、国家金融监督管理总局、证监会同步推出了包括降准、降息、降低存量房贷款利率等一系列货币政策和金融政策是完全正确的。中国人民银行的一揽子政策，特别是降低存量房贷款利率，对避免断供、促进消费将发挥积极作用。

中国人民银行表示，要创设新的货币政策工具支持股票市场稳定发展。第一项是互换便利，支持符合条件的证券、基金、保险公司通过资产质押，从中央银行获取流动性，这项政策将大幅提升机构的资金获取能力和股票增持能力。第二项是创设股票回购增持专项再贷款，引导银行向上市公司和主要股东提供贷款，支持回购和增持股票。

中国人民银行提出的货币政策是积极的且受到市场的普遍好评。但也应该看到，中国人民银行和货币政策所能发挥的作用会受到很多限制，最终效果怎么样现在还很难说。

例如，最近几年来 M2 和 M1 之间的"喇叭口"越来越大，说明在准通缩状态下，虽然 M2 增速较快，但居民和投资者对货币的交易需求并没有明显增加。降准可以使商业银行增长信贷创造能力，从而增加货币供应量。但是，在实体经济投资需求不旺的情况下，增加货币供应量往往导致广义货币中储蓄存款的增加，形成 M2 和 M1 之间的"喇叭口"。这种情况同样在美国出现过。只是在

2020年3月后，由于投资需求和消费需求的增长，美国M2和M1之间的"喇叭口"迅速缩小，M1在广义货币中的比重迅速提高。在中国，因为存在严重的"资产荒"，所以降准的信号意义大于实质意义。

在消费和投资需求乏力的情况下，降息也存在类似的问题。虽然降息（如降低存量房贷款利率）可以减轻居民的债务负担，从而有助于鼓励居民增加消费，但经济增长前景欠佳，即便利率已经很低，投资者也未必愿意从银行贷款，"资产荒"的问题依然无法根本解决。不仅如此，银行贷款利率的下降还要受到存贷差的约束。在决定是否进一步降低MLF（中期借贷便利利率）时，央行必须考虑银行存贷利差问题。MLF加点形成的LPR（贷款市场报价利率）决定商业银行的贷款利率，如果存贷款息差过低，如小于1.5%，中小银行就可能出现亏损。为了避免亏损，银行就需要调低存款利率，但调低普通百姓存款利率的社会后果也需纳入考量。

总而言之，中国人民银行需要继续执行扩张性货币政策（或支持性货币政策），但要解决总需求不足的问题、启动经济，关键还是财政政策，一子落而满盘活。必须首先显著加大财政的扩张力度，然后货币政策可以跟进。例如，通过加大公开市场操作买进国债的力度和频度，抑制扩张性财政政策可能产生的挤出效应，进一步发挥扩张性货币政策对有效需求的刺激作用。扩张性财政政策直接刺激投资和消费，"资产荒"的问题就可以迎刃而解。目前十年期国债收益率偏低。中国人民银行担心金融机构抢购国债会引发金融风险是可以理解的，但也应该看到，长期国债收益率低虽然同"资产荒"有关，但更多还是说明投资者对中国经济长期前景看好，说明政府还有进一步增发国债的余地。

扩张性财政政策的政策空间

长期以来，政府不愿意实行扩张性财政政策的主要原因是担心政府杠杆率过高会导致金融危机。

在目前阶段，我们无须担心执行扩张性财政政策会导致政府杠杆率上升，并最终造成财政危机和通胀的可能性。这里可以用日本的经验来说明。1997 年，日本的债务余额与 GDP 之比为 91.2%，中央政府和地方政府赤字与 GDP 之比为 5.4%，日本政府担心财政状况将会进一步恶化。时任日本首相桥本龙太郎称，如果日本继续目前的赤字财政，"日本经济毫无疑问将在下一个世纪中崩溃"。日本大藏省的判断则是，着手重建财政已刻不容缓。由于执行了财政紧缩政策，1997 年虽然财政赤字对 GDP 之比有所下降，但日本经济陷入严重衰退。由于经济增长的放慢，日本财政状况的改善变得越来越困难。日本经验充分说明，没有足够的经济增长，改革和结构调整都无从谈起。同时，日本政府的债务余额对 GDP 之比已经从当年的 91.2% 上升到 2023 年的 255%，虽然日本经济增长势头依然欠佳，但日本财政并未崩溃。

理论上说，一个国家只要经济增速高于利率，这个国家的债务就可持续。另外一个可以使用的公式是：财政赤字率除以经济增长速度，只要这个数值不太高，就不用太担心债务问题。例如，如果赤字率是 5%，经济增速是 5%，无论当前国债对 GDP 比值有多高，它的极限值就是 100%；反之，在这个公式里，如果经济增长速度趋近于 0，不管作为初始值的国债对 GDP 之比有多低，不管赤字率有多低，杠杆率都会趋于无限大。所以说，任何减债政策都要有利于经济增长，否则减债的结果就是杠杆率的提高，而不是降低。

中国财政有"四本账",来自政府性基金的支出在理论上是通过项目收入而无须通过税收偿还的。所以,在宽口径上,中国的政府部门杠杆率既不像自己公布的不到60%那么低,也不像世界银行测算的110%那么高。即使按照宽口径计算,中国政府部门的杠杆率依然低于美国、日本、新加坡等国家。此外,中国是一个高储蓄率的国家,拥有2万亿~3万亿美元的海外净资产。总之,中国依然有很大的执行扩张性财政政策的空间。此时不用,更待何时?

当然,也有人会说中国整体宏观杠杆率比较高,特别是企业部门。这个观点忽视了中国金融结构的影响,中国企业的外部融资主要是向银行借款和发债。这种融资结构和美国有很大不同。2022年,中国A股市值与GDP的比值是65%左右,美国是162%。从企业对外部资金的依赖程度上看,中国还略低于美国。

经济学界的共识与分歧

目前经济学界已经基本形成共识:为解决有效需求(或总需求)不足问题,必须显著加大宏观经济政策的扩张力度,特别是财政政策的扩张力度。但在扩张性财政政策应该是刺激消费还是支持基础设施投资问题上存在分歧。

目前经济增速差强人意的主要原因确实是消费需求偏弱,2024年前三季度,社零增速仅为3.3%,远低于2023年的7.2%[①]。由于消费在GDP中的占比在55%左右,因而消费增速过低是拖累2024

---

① 俞炳彬. 消费市场持续恢复回升 新场景新模式发展向好[OL].[2024-01-18].https://www.stats.gov.cn/xxgk/jd/sjjd2020/202401/t20240118_1946713.html.

年经济增长的最重要因素。

但问题是：如何刺激消费呢？现有的主张包括改革社会保险体系、减税和"直升机撒钱"等。这些政策是否可行，是不是刺激有效需求的有效政策呢？

主张之一是通过社保体系改革提高低收入群体的收入水平。五项社会保险（养老、医疗、生育、失业、工伤）基本是以精算为基础的，财政政策不应轻易改变相应规则。但在养老保险中，城乡居民的养老保险（可近似看作是农民的保险制度，以农民参保为主）理论上是可以通过增加财政支出提高水平的。完全可以且应该逐步提高财政在低保上的支出水平，降低门槛和扩大覆盖范围。但作为刺激总需求的政策手段，社保体系的改革对居民消费需求的刺激作用在短期内可能有限。

主张之二是通过减税刺激消费。

第一，我们首先要问的一个问题是，中国减税的余地有多大？事实上，过去十几年，中国积极的财政政策主要内容就是"减税降费"，一些年份财政赤字的增加也是减税降费的结果。2023年，全国一般公共预算收入为216 784亿元，其中，税收收入181 129亿元，如果考虑到政府性基金预算收入（70 705亿元），财政收入和税收收入占GDP的比重分别为23%和14.4%。[①] 同其他国家相比，中国的财政收入和税收收入与GDP之比属于偏低国家之列，同欧美发达国家相比更是明显偏低。中国目前还有多大的减税空间值得怀疑。

第二，中国税收以增值税为主，由于地方政府财政困难，减税

[①] 国库司.2023年财政收支情况[OL].[2024-02-01].https://gks.mof.gov.cn/tongjishuju/202402/t20240201_3928009.htm.

往往导致征税力度的加强，中小企业的税收负担可能不减反增。

第三，提高个人所得税起征点固然有利于低收入阶层，但减税数量可能过低，对消费和经济增长作用有限。降低个人所得税税率也存在类似问题。2023年中国政府税收总额为18.1万亿元，个人所得税在全部税收中的占比仅为8.2%。[1] 换言之，个人所得税总额仅为近1.5万亿元，各阶梯个人所得税税率分别下降5个百分点，个人所得税减税空间应该是相当有限的。

第四，增加100元的支出，对经济的刺激作用就是100元，但减少100元的税收对经济的刺激作用要明显小于100元。

总之，中国的税收体系需要进行重大改革，这是一个庞大的系统工程，需要全盘规划、从长计议。减税恐怕难以充当目前旨在刺激经济增长的最重要的财政政策工具。

主张之三是给居民发钱。例如，给低收入居民每人发放1万元，总额可以达到数万亿元。低收入群体边际消费倾向很高，数万亿元马上可以转化为有效需求。

第一，在非常时期采取发钱的这种非常之策是可以考虑的。但是，在正常情况下，作为一种宏观刺激政策，它可能会形成负向激励机制，减少低收入群体寻找工作的动力，从而增加失业。第二，中国低收入群体基数大，且流动性极强。与此同时，地方政府普遍面临财政困难，有些地方还需要精兵简政，在操作过程中，可能会发生许多意想不到的问题。第三，虽然低收入群体边际消费倾向高，但由于是一次性发放，正常情况下的高边际倾向可能会下降。

---

[1] 国库司.2023年财政收支情况[OL].[2024-02-01].https://gks.mof.gov.cn/tongjishuju/202402/t20240201_3928009.htm.

第四，中国已经建立起社保体系，通过增加财政支出提高养老金水平和降低低保门槛、扩大低保覆盖范围，应该是更为现实、更容易操作的办法。

通过收入政策和其他改革措施减少贫富差距可以在相当程度上刺激消费需求，从而刺激经济增长。但应该看到，无论经济处于何种状态，政府都应通过收入政策减少贫富差距，而贫富差距的缩小确实能够增加社会总需求。但在讨论通过宏观经济政策刺激有效需求时，我们必须考虑这些政策的可行性和对总需求的刺激力度。

从代表性家庭的角度看，消费是收入、收入预期和财富价值的函数。从总量的角度看，作为总量的消费也同人口结构、收入结构有关。这样我们就遇到一个二律背反：一方面，没有消费就没有收入增长；另一方面，没有收入增长就没有消费增长。解决这个矛盾的关键必须是独立于收入和消费的第三者。这个第三者，在中国的特定环境下只能是基础设施投资。

在总需求中，消费、净出口、制造业和房地产投资都具有较强的内生性，唯有基础设施投资可以对政府政策迅速做出反应。在中国经济过热或过冷期间，基础设施投资常被用作熨平经济波动的政策工具。理论上，可以通过提高基础设施投资增速对冲消费增速过低和房地产投资大幅度下降对实现 GDP 增速目标的不利影响。因此，启动经济增长的第一步，还是要考虑增加基础设施投资。

个人认为，在当前情况下，基础设施投资不依赖经济增长，其本身就能发挥经济增长动力源的作用。1 万元的基础设施投资即可立即形成 1 万元的有效需求，而且可以通过挤入效应创造出更多的有效需求。

反对通过增加基础设施投资刺激有效需求的主要理由有二：其

一，基础设施投资效率低下，无法盈利也不能产生现金流；其二，中国的基础设施投资超前，甚至已经饱和，能够产生的经济社会效益有限。这种观点是没有事实根据的。

首先，基建投资的概念并非仅仅是传统意义上的"铁公基"（铁路、公路、机场、水力等重大基础设施建设），它还包括"新基建"和"公共投资"的概念。凡是旨在提供公共产品、回报率低（甚至没有商业回报）、无法产生现金流、以盈利为目的的私人企业不愿承担，而对国家安全、社会经济发展必不可少的投资项目都属于基建投资范畴。以基础设施投资没有商业回报、不产生现金流为由反对通过基础设施投资刺激经济增长是没有道理的。

其次，中国需要投资的基建项目俯拾皆是。例如，权威部门研究发现，我国城市排水防涝设施人均投入仅为日本的 1/18。仅补齐短板，投资需求就高达数万亿元，地下管网建设所需的投资更是巨大。在城中村改造和旧住宅改造、教育医疗养老和循环经济建设等领域进行基建投资的资金需求是难以估量的。基础研究和技术应用研究相关的研发基地、厂房、实验室和装备等都需要大规模投资。即便是在传统的"铁公基"领域，投资（"断头路"、海港、小型机场）需求也是巨大的。此外，为建设通向中亚的"丝绸之路"，沿河西走廊进行大规模工业开发似乎也是可以考虑的。

不存在消费驱动的增长方式

在讨论消费与投资关系时必须区分短期和长期。一些西方经济学家认为中国经济之所以"撞墙"是因为中国的经济增长模式是投资驱动而不是消费驱动。这种说法是完全错误的。在有效需求不足的情况下，增加消费有助于提高经济增长速度，增加消费还是增加投资并无区别。但从经济增长的角度来讲，只存在"投资驱动"、"劳动力（有效劳动力）驱动"与"技术革新、技术革命驱动"之间的选择，并不存在消费驱动和投资驱动之间的选择。消费不能驱动经济增长，除非消费驱动同改善人力资本相关。从社会福利的角度看，刺激消费还是刺激投资是一个"现在多消费"还是"现在少消费未来多消费"的选择。做何种选择取决于全社会的时间偏好。理论和经验数据都证明，维持较高投资率是经济维持较高增速的必要条件。如果社会的时间偏好改变了，公众愿意"现在多消费"是没有任何问题的。但必须清楚，这种选择是以经济增速下降为代价的。

中国经济增长潜力是巨大的。中央对当前宏观经济形势做出的判断是完全正确的。只要把战略方针转化为具体的行动计划，中国必然能够实现经济增速的企稳回升。建议政府尽快公布一个更为翔实的大规模、综合性刺激计划，向市场释放一种强烈信号，增强信心、鼓舞士气。虽然行动上不能操之过急，但政策信号的释放不能拖延。事实上，中国人民银行、国家发展改革委和财政部等举行的发布会正在释放这样的信号。其实，笔者以为发布会的顺序应该是：国家发展改革委告诉我们有什么项目将会推出；财政部告诉我们为了执行扩张性财政政策，为国家发展改革委提出的基础设施项目、稳定房地产市场和地方债化债提供多少资金；中国人民银行告诉我们货币政策如何支持和配合扩张性财政政策。

我们期待政府推出更为具体的一揽子刺激计划。

增量政策的逻辑框架不同于以往

刘元春

上海财经大学校长

社会各界对于当前的中国经济有三大疑问。第一个疑问，2024年9月26日，中央为什么做出政策调整，推出了一揽子增量政策？第二个疑问，一揽子增量政策的性质是什么？属于"急就章"，还是意味着中国政府在稳增长方面已上升到一个特别的高度，从而全面逆转目前的经济态势？第三个疑问，一揽子增量政策下一步还有什么，效果会怎么样？

9月26日，中共中央政治局会议给出了明确答案，中国经济出现了一系列新现象和新问题。

一是国内二、三季度的经济增长不是很理想，与年初设定的经济增长目标相左。

二是中央从2023年年底布局的存量政策没有达到预期效果。房地产下滑没有明显收窄；地方政府不仅面临无钱可用的难题，同时还面临着"给了钱用不动"的难题。这个新现象是原来没有想到的。

三是国内对中国经济问题形成了一些新共识。我国房地产行业从2021年调整到现在，大家深刻认识到这一轮房地产调整不是重复以前的调整。中国经济短期稳定的逻辑不是传统上把房地产市场中期的结构调整和制度改革作为优先项。大家认识到，房地产行业稳定、资本市场的稳定和改革是国内稳预期、稳信心、稳企业的焦点，同时也是扩内需的前提。中央对短期政策框架做出较大调整，将房地产行业的稳定、资本市场的稳定从中长期布局定位全面转向短期定位。

四是国内经济政策调整恰逢一个窗口期。世界经济由于持续疲软，原来从紧的货币政策将进入宽松通道，比如美联储降息。这样，外部环境就为国内经济政策的一系列调整腾挪出空间，这是很重要的一个窗口期。

2024年9月底以来，国内有关部委，如财政部、国家发展改革委、国家金融监督管理总局等，围绕房地产止跌回稳、股票市场提振、逆周期宏观调控、扩大内需、企业纾困等出台了一系列政策，这些政策不是"急就章"，不属于短期行为，后续还会进一步跟进。

第一，稳房地产行业、稳资本市场成为扩内需的重要前提。目前，稳地产、稳股市是关键，而稳信心更是至关重要的变量。稳信心是稳短期需求的重要前提。

第二，财政政策和货币政策框架转向，其中要注意两个问题。

一是我们围绕提振资本市场提出两个结构性货币政策工具，即回购再贷款以及借贷便利和资产抵押。这两个政策开央行通过间接渠道进行资产购买的先河。为什么此次中国人民银行也出手？主要是中国资本市场定价出现了持续的市场扭曲、市场失灵。截至2024年9月25日，国内5 300多家上市公司中有近800家上市公司"破净"，还有近100家"破净"上市公司的股息率、分红率超过5%，这意味着中国资本市场定价出现了系统性扭曲。如何进行系统性纠正，很重要的一点就是鼓励大股东回购，同时鼓励符合条件的机构增持股票。该举措为中国资本市场构建了一个可见的底部，这个底部就是不允许出现普遍性、持续性"破净"现象。这将对资本市场功能发挥、投资者行为回归理性起到根本性作用。

二是财政部和中国人民银行就国债买卖组建了联合工作组，这是国家在财政政策和货币政策上未来定位的重大调整。这个重大调整与现代中央银行制度的全面完善密切相关，也就是说利率市场化以及国债市场的深度、广度要进行全面扩容，这为货币政策的操作和未来财政政策框架带来了转折性变化。

如果说我们的政策是"急就章"，只是简单地进行刺激，我们大可不必在宏观政策框架上进行较大调整。同时，在一揽子增量政策中，不仅有短期扩内需的政策工具，同时还有结构调整和改革方案。因此，这绝不是简单的"放点水"，让大家缓口气。一揽子增量政策将从行为模式、激励体系上带来根本性改变。

我们一定要看到此轮政策调整所体现的决心，以及暗含的结构性、制度性调整的深刻内涵。同时也要看到微观主体行为模式的一些新变化。稳房产首先是一线房产要稳、头部企业要稳，这个目标目前已经基本完成。诚如住建部部长倪虹所言，在系列政策作用下，经过三年的调整，中国房地产市场已经开始筑底。[①]

扩内需主要是在社会建设和民生建设的基础上扩消费，而不是简单地扩大投资和消费。促进消费重在提升未来收入，在于不同部门资产负债表的全面修复，等等。

---

① 住房城乡建设部：我国房地产市场已开始筑底 [OL].[2024-10-17].http://finance.people.com.cn/n1/2024/1017/c1004-40341482.html.

这一轮出台了很多政策,我们还会看到有不断的增量政策出台来巩固目前的经济增长态势。因此大家要坚定信心,更要看到此轮政策与一般刺激政策在内涵上的不同。

中国经济不需要强刺激

李稻葵

清华大学中国经济思想与实践研究院院长,清华大学社会科学学院教授

基建周期叠加房地产周期导致经济偏冷

中国经济下一步会怎么样,会有什么调整?这是一个重大问题,我尽量用简单的语言来讨论一下。

首先,中国经济目前是两个大周期叠加在一块,相互影响、互相交织所产生的一个经济过冷的结果。第一个是基建周期。近20年来,国内一直在大规模搞基建,这些基建是非常必要的,修桥修路、建设机场高铁,拉火了经济。

但是问题来了,这些基建一旦完成,各种需求就会下降,所以一下子出现了经济偏冷。

更重要的是在基建火爆的时候,大家热情很高,也都很乐观,实体经济投资者愿意去找银行借钱,但是他们借的钱大部分是不超过10年的短期资金。

现在搞了近20年的基建,很多短期借贷资金到期了,短期还债的压力明显上升,却偏偏碰上了实体经济下滑,二者碰到一块,就出现资金困难了。形成鲜明对比的是,银行里面堆了一大堆现金

贷不出去，于是形成了一个冰火两重天的趋势大周期。

这个大周期在美国、英国等国家都发生过，比如美国1837年之前搞了一大轮的基建，修运河，修各种各样的道路，但是到了1837年，美国出现了长达5年的重大经济衰退，当时美国GDP下降了30%，比中国严重多了。

第二个大周期是什么？是房地产周期。过去的20多年，随着城镇化的推进，很多人从农村搬到城里，或者从小城市搬到大城市，拉动了房地产建设的高涨。但是现在城镇化基本上告一段落，房地产的销售量相比几年前下降了40%以上。

但是我想强调的是，房地产周期也好，基建周期也罢，都是长周期，都会回来的。

发行长期国债置换地方债对冲周期影响，打通堵点

既然是两个大周期叠加在一起，那么能把这个问题解决的、对冲的策略是什么？

地方政府做不了，它没这个能力，也没这个号召力；企业和百姓就更不用说了；唯一可行的是国家发行长期债。不是银行里的钱很多却没人投资吗？国家发债、银行拿钱买国家的长期债，发行20年期、30年期的长期债之后，中央替地方政府先把一部分债还了，地方政府才能恢复应有的经济活力。

而且国家发行的长期国债，在资本市场上是极受欢迎的。这种长期的、低风险的、很容易流动的资产现在严重短缺，我们现在存量的国债也就占GDP的25%左右，经济发达国家、成熟的资本市场国家都是在70%以上，日本甚至超过了220%。

所以，现在的解决之道是，国家必须站出来应对、对冲这两个周期。这个道理包括我在内的学者已经讲了很久，总体上讲我还是有信心的，绝对不像有些人那么悲观。

中国经济不需要强刺激，也经受不住强刺激

那么现在给中国经济一些强刺激是否可取呢？恐怕未必。中国经济不需要强刺激，也经受不了强刺激，这就好比一个人身体很虚的时候吃很多补药，不仅发挥不了作用，还容易引起新的问题。

具体来说，中国经济基建方面已经搞得相当完善了，继续搞基建肯定不是出路，会带来更大的问题。同时，地方政府的社会服务水平需要提高，但这是一个细活，如果突然一下子花大量的钱去搞社会福利和社会公共服务，会形成一个不一定可持续的预期，后续的财力跟不上，就会埋下长期隐患。所以，中国经济现在是不需要也不能进行强刺激的。

中国经济当下的问题是流转不通，有堵点，类似人体的经络不通：一边是实体经济现金流极其短缺，另一边是银行资金大量囤积。

发行长期国债，由金融机构来购买长期国债，既安全，流动性又强。国家拿着长期国债通过某种方式去置换地方债，这是打破冰火两重天困境的办法，本质上是打通循环。

那么能不能由央行发行钞票直接购买地方债呢？我认为这个办法不是不行，比什么都不干要好得多，但央行直接买地方债远远不如发行长期国债好，因为中央银行持有的资产必须是流动性很强的，随时可以变现的，这样在未来货币政策需要收缩的时候，就可以把这些标准化的金融产品卖掉。

国债恰恰就是这样一个金融产品，如果央行印了钞票，买了大量的地方债，而未来中国出现了比较高的通货膨胀，那么中央银行只能通过卖资产收回货币，到那时，这些地方债是很难及时出售的，更不用说地方债放在央行的手里，央行完全没有能力去管理这些地方债。

因此，发行长期国债才是当前问题的解决之道。

中国如何扩大内需[①]

孙丰伟

青年经济学者

目前来看,大家对"中国经济的主要矛盾在于有效需求不足"这个判断已经基本达成一致。我们从内需和外需的视角来讨论一下当前中国经济的现状及可选的应对措施。

外需或有远虑,但无近忧

国家统计局发布的数据显示,2024年二季度GDP的同比增速为4.7%,比一季度低0.6个百分点。分产业来看,二季度的经济增速主要由第二产业支撑。第二产业增加值同比增速为5.6%,高于GDP同比增速,第一产业和第三产业的增加值同比增速分别为3.6%和4.2%,均低于GDP增速。

第二产业增加值同比增速较快,主要有两个原因:一是前期出台的诸多政策陆续落地见效,比如大规模设备更新政策;二是外需强劲,几个主要经济体尤其是美国经济的韧性较高,海外补库需求

[①] 本篇数据资料除注明来源外,均取自国家统计局官网。——编者注

带动出口景气度稳定在较高水平。

从 2024 年上半年的数据来看，货物和服务净出口对经济增长的贡献率为 13.9%，维持稳定。

虽然从 2018 年中美贸易摩擦开始，我们就一直比较担心产业链转移和外需回落，但截至目前，至少中国出口展现出了超常的韧性，非但没有出现"断崖式下滑"，反而一直稳步正增长，美元计价的中国出口额 2024 年上半年累计同比增速 3.6%，7 月份同比增长 7%[①]，在趋势上仍旧保持向上。

当然，微观上，很多厂商和从业者的体会是外贸越来越不好做，这是因为 2024 年上半年净出口的超预期表现主要是由数量拉动的，而不是价格贡献的。外贸摩擦增多，出口价格下降，人民币汇率波动较大，在宏观上对美元计价的出口增速产生了拖累，在微观上给外贸厂商带来了压力。

内需是拖累经济的主因

初步排除短期外需对经济增速的拖累，再回头看国内需求。

按部门，有效需求可以分为政府部门和私人部门，主要对应政府支出和居民支出。从数据来看，中国经济动能放缓的主要原因在于国内有效需求不足，既包括政府部门的广义支出增速下降，也包括居民部门的消费支出放缓。

---

① 海关总署.2024 年 7 月全国进出口总值表（美元值）[OL].[2024-08-07].http://www.customs.gov.cn/customs/302249/zfxxgk/2799825/302274/302275/6031214/index.html.

财政支出

我们通常用广义的财政支出来代表政府部门的支出。

中国财政有"四本账":一般公共预算、政府性基金预算、国有资本经营预算和社会保险基金预算。广义财政支出通常是指一般公共预算和政府性基金预算两本账的合计支出。

2024年上半年,广义财政支出同比增速为-2.79%,较2023年四季度增速下降1.3个百分点,主要还是受基金预算支出增速下降的拖累。其中,一般公共预算支出增长2%,政府性基金预算支出同比下降17.64%,而国有土地使用权出让收入下降仍是拖累政府性基金预算支出最主要的因素。另外,地方本级财政收入,包括税收收入承压、专项债以及城投债发债规模和节奏不及预期,也制约地方财政的支出强度。

有学者把地方融资平台的支出算作更宽口径的政府支出。地方融资平台实际上也承担了政府职能,从对经济增长的贡献角度,应该计入政府支出,但数据很难统计,大都是估算。从新增城投债的数据,以及基于当前地方融资平台发展状况的粗略估计,地方融资平台的支出显然也在收缩。

消费支出

那居民部门的支出强度如何呢?从人均消费来看,按照国家统计局的数据,上半年全国居民人均消费支出(13 601元)比上年同期实际增长6.7%。一季度同比增速为8.3%,二季度降至5%,增速边际放缓。

再来看社会消费品零售总额,社零是反映消费市场动态的主要指标。2024年上半年,社零(235 969亿)同比增长3.7%。其中,除汽车以外的消费品零售额(213 007亿元)增长4.1%,也就是说,汽车消费是社零数据的拖累项。分季度来看,二季度社零增速(2.7%)较一季度(4.7%)也有所放缓。

值得注意的是,2024年以来,在官方出台了"以旧换新"购车补贴、车企不断掀起价格战的情况下,汽车的销量表现依旧不及预期,5月汽车消费社零分项从同比下跌1.4%进一步走阔至6月的同比下跌3.5%,由此来看,此前希望汽车销售托底消费甚至部分替代房地产来托底经济增速的愿望恐难达成。从2024年全年看,最终消费支出对经济增长的贡献度又多了一些不确定性。

那么,居民消费支出放缓的原因是什么呢?影响消费的几个主要因素包括:可支配收入、收入预期和消费意愿。

可支配收入

从数据看,2024年,全国居民人均可支配收入为41 314元,比上年同期名义增长5.3%。

对绝大部分人来说,工资是最主要的收入来源,但二季度居民人均工资性收入的增速放缓幅度最大,从一季度的6.8%降至4.4%。工资性收入的变化不仅直接影响可支配收入,还影响收入预期。虽然城镇失业率一直稳定在5%左右,剔除在校生后16~24岁的青年失业率还稳中有降,但就实际感受来看,我相信绝大多数职场员工都会认为换工作和加薪都比往年更难,很多经济学家也在不同场合呼吁,不要轻易辞职。就业越来越困难,是一个不争的事实。

收入预期

弗里德曼说,消费是财富的函数。从这个角度来说,除了就业数据,财富存量和财产收入也会影响长期的收入预期。

国家统计局的数据显示,2024年上半年人均财产净收入增速为2.1%（一季度为3.2%，二季度仅0.8%，二季度为2014年有数据以来最低），占可支配收入的比重为8.6%。财产净收入在各类收入中最低，且二季度的增速放缓幅度较大。

关于国家统计局公布的"财产净收入"指标，有三点需要特别注意。

第一，大部分财产净收入是以"自有住房折算净租金"的非现金形式存在的，现金财产净收入在现金可支配收入中的占比仅为2%左右。

所谓"自有住房折算净租金"，即住户为自身消费提供住房服务的折算价值扣除折旧后得到的净租金。这就导致居民财产净收入中只有35%~40%是现金收入，大量财产净收入以自有住房折算租金的形式存在，并不能为居民带来真正的现金流。而现金财产性收入高度集中于房租收入，占比约50%；股息与红利收入、其他投资收入、利息收入的占比较为接近，约15%。所以，二季度的增速下降，或许与房租下降和商业银行降息有关。

第二，财产净收入包括股息和红利收入，但不包括股票和基金交易的收入，如果纳入股票和基金收益，净资产增速大概率会由正转负。

第三，财富既包括财产性收入（流量），又包括财产估值（存量），国家统计局的财产性收入是流量的概念，无法反映住房价格下降对居民资产负债表的破坏。

房价方面，2024年上半年，70个大中城市中大部分新房房价同比下跌，很多城市跌幅达到30%，跌掉首付。只有7个城市的新房房价同比上涨，上海、西安两城领涨，同比涨幅为4.3%。二手房更是同比全面下跌（但似有边际改善，比如，6月份有4个城市二手房价格环比上涨）。

房价下行对背负高额房贷的家庭来说无疑是一个巨大的打击，严重威胁居民部门的财富存量和收入预期，破坏其资产负债表。而新增房贷款利率调降、存量房贷款利率偏高还导致大量购房者提前还贷，侧面证据是居民部门存款增速降低和杠杆率收缩。而购房者恰恰是家庭条件较好、消费能力较强的中青年人群，提前还贷显著破坏了这部分人的现金流，拖累消费增速。

消费意愿

消费意愿是指收入每增加 1 元钱用来消费的比例，可以用"人均消费支出/人均可支配收入"衡量。2024 年上半年的消费意愿为 65.6%（人均消费支出 13 601 元/人均可支配收入 20 733 元），二季度的消费意愿边际修复，为 68.5%，高于一季度，但低于疫情前 2019 年同期的 70.5%。

消费意愿降低的原因有很多，比如有 2023 年疫情后复苏的基数效应、疫情带来的疤痕效应，但核心原因是收入增速下降、收入预期不乐观。

扩内需的 7 个政策措施

如果我们基本同意，中国经济当前的主要矛盾是内需不足，那政策建议当然就是扩大内需。但扩大内需不是简单的刺激消费，当消费者对未来的收入预期普遍不乐观时，刺激消费就是个伪命题。

从居民部门来看，内需的扩张表面看是需要增加消费支出，背后对应的实际上是就业的增加、收入的增长和存量财富的增值。从政府部门来看，内需的扩张需要保持或者增大政府支出的强度，并促进居民部门的就业、收入和财富增长。

第一，发钱、发消费券，且发钱优于发消费券。

反对发钱的主要观点有六：一是增加政府债务，二是造成通货膨胀，三是培养懒汉，四是不解决长效问题，五是难以触达所有群众，六是发钱的行政成本太高。实际上，除了第四点和第六点，其他几点都不是当前需要担忧的问题。比如，就算不发钱，政府债务也会一直增加，区别就在于增量债务配置在哪里对提振经济的效果更好。担心通胀的人则认为，如果对所有人发钱，就相当于没发钱。在无摩擦的经济学模型中或许如此，但在真实世界中，无论是在极端情况下所有人把补贴都存在银行，还是所有人把钱都花掉，都会对经济产生影响，前者提振信心，后者刺激需求。

现在确实已经不是发钱的最佳时机，但对特定群体进行补贴，比如低收入群体补贴、育儿补贴、自然灾害受灾群众的补贴，依然是有必要的。也可以采取主动申领的形式，尽可能降低行政成本。还应该提升中低收入人群的社会保障水平。

我认同发钱，但发钱并不能解决根本问题，所以还要辅之以必要的改革。另外，发钱的对象、金额、形式、时机等也需要仔细研究。很多地方发过不少消费券，这种附带条件的撒胡椒面的方式，效果似乎并不好。

第二，个税改革。

个人所得税占税收收入的比重在 10% 左右，2023 年有所下降，占比为 8.2%。提高个税免征额是一个思路，但考虑到缴纳个税的人口可能只有七八千万人，占城镇就业人口的比例只有 10% 左右，再提高个税免征额的意义并不大。一方面，要尽可能防止偷漏税；另一方面，可以考虑以家庭收入为单位来缴纳个税，这样税负分配会更为合理。

第三，尽快下调存量房贷款利率，由此对商业银行产生的影响，应该通过其他措施对冲。

许多家庭在房价高点购房，如今房价下跌，资产迅速缩水，但房贷负担却依然沉重。在这种情况下，一旦家庭收入出现问题，就很容易陷入资不抵债的困境。这种压力不仅会影响家庭的消费能力，严重的还可能影响社会稳定。

我们下调了贷款市场报价利率和新增房贷款利率，但存量房贷利率却依旧岿然不动，新增房贷与存量房贷利率形成倒挂。比如，2024年5月，百城首套房平均商贷利率降至3.45%，存量房贷首套利率普遍在4%以上。如果居民贷款150万元、贷款30年，按新房贷款利率3.45%、存量房贷款利率4.45%（目前的存量房贷款利率平均在4.5%左右）计算，二者利息总额相差31.03万元，月供相差861.94元，这并不是一个小数目。何况，很多城市的新增房贷款和存量房贷款利差还不止1个百分点。

虽然存量房贷款利率一直居高不下，但各大银行的消费贷款利率却不断下调，大部分已经下调至3.15%左右，部分银行的优惠利率已经突破了3%。2024年6月，存量房贷的早偿率数据是23.4%，其中不乏居民使用消费贷进行违规置换。

楼市在2021年见顶回落，但是居民早偿加速却从2023年才开始，有1~2年的时滞。原因在于，一方面，提前还贷是被动的，当房价跌到资产负债表失衡的状态时，为了防止失信，居民会主动压缩负债，修复资产负债表；另一方面，利差已经足够大，且居民对房地产的深度、持续下行已经形成了一致预期。在这种情况下，与其让居民或主动或被动地腾挪资金，不如在政策层面协调商业银行，统一调降存量房贷。

降存量房贷会压缩银行利润、改变信贷结构，由此会对商业银行的资产负债表带来扰动，但这并不显著影响大多数银行的经营稳定性，即使对部分中小银行带来影响，也可以通过其他措施对冲。

第四，保交楼、稳主体、稳需求，托底房地产行业进入新平衡。

时至今日，考虑到存量面积、人均面积、人口结构、收入预期和消费预期，中国对新增住房的需求已经到了相对饱和的拐点，房地产已无法回到过去。

即便如此，房地产行业上至建筑、水泥、钢材、玻璃、机械等，下到家电、家具、家居等，关联了 40 多个行业，房地产产业链关乎民生、就业和信心。我们已经出台了很多房地产低成本融资政策，多地政府也直接出手，或鼓励地方国企收购当地存量房源，并改造为保障房。

2024 年下半年及以后相当长一段时间内，应该继续推动"保交楼"和房地产市场出清，通过低成本融资"稳主体"，重建优质开发商信誉。只有维护了买房人群的基本权益，才能维护潜在购房人群（比如近 3 亿农民工）的信心，进而"稳需求"。再辅以户籍制度、土地制度、保障性住房、配套公共服务的改革，才能逐渐通过市场供求机制将房地产行业和房价稳定在新均衡状态，遏止居民资产负债表的恶化，稳定内需。

第五，推动以保护散户投资者为中心的资本市场改革。

中国有 2.2 亿股民，超过 7 亿基民，可以说，中国有一半人口与资本市场直接相关。中国的股市也是以散户投资者为主。在这种情况下，我们应该把"营造公平投资环境，保护中小投资者"放在核心位置。一是停掉所有做空机制。现在散户做空的门槛很高，账户资金超过 50 万元才能开通融资融券，大量散户也搞不清楚融资融券的规则。但同时又引入了各种机构可以使用的做空工具，比如转融通、量化交易。转融通已经暂停，但量化交易还在。二是成立退市补偿基金。资本市场本身就要有进有退，但鉴于我们目前的资本市场环境、上市公司特征、投资者特征以及以前的上市机制，很多公司退市时对中小投资者带来了巨大损失，这有失公平。所以，应该顺应民意，成立退市补偿基金。同时，对上市造假、欺诈行为，要施以严刑峻法。

我们建设资本市场的根本目的是为企业发展提供融资市场，为投资者提供投资渠道，只有大盘指数有明显起色，才能调动投资者情绪，只有投资者能获得合理的回报，服务企业和科技创新的目的才能达成。有观点提出，大盘指数每上升 1 000 点，财富就会增长 25 万亿元。要想提振市场信心，首先要堵住股市的制度漏洞，其次要用真金白银。

还有观点担心，如果停止量化交易，是不是资本市场建设就倒退了？我的观点是，不能照搬发达经济体的资本市场建设经验，也不是一味地对标世界上最发达经济体的资本市场制度就是先进，停止量化就是倒退。我们要有制度自信，只有适应国情的才是最好的。

第六，中央加杠杆，并提升对地方的转移支付额度，增加地方可支配财力，规定新增财力优先解决历史问题，给地方"卸包袱"。

首先，土地财政遇冷，地方财政越来越紧张，部分地区存在拖欠工资和企业欠款的情况，此前中央也多次要求清理欠款，但依然留有尾巴。在地方财力日益趋紧的情况下，地方更没有动力主动偿还历史欠款。中央可以考虑允许地方新增专项债务或者增加专项转移支付，清理地方欠款，这有助于扭转信心，刺激内需。

其次，分税制改革后，地方的直接收入降低，但加上中央的转移支付后，地方的可支配财力并不低。但由于官员晋升激励机制等原因，大部分财力投入了基础设施建设，投入民生和社会保障的比例较低。基建投资当然极大地促进了地方经济的发展，但也衍生出一系列问题。未来，应当进一步明确央地事权，充实地方财力，同时减轻地方尤其是基层政府的压力。

第七，适度上调赤字率，保持必要的广义财政支出强度，深入推进财税体制改革。

赤字率有几个口径，官方的预算赤字率多年未突破3%，在极个别年份有所上调。2023年，预算赤字率为3.0%（如果考虑2023年10月发行的1万亿元国债，则上升至3.8%），实际赤字率（一个财政年度一般公共预算账户的收支差额/GDP）为4.6%，计入专项债的宽口径赤字率为7.6%。但无论是赤字率还是债务率，数字本身的高低并不绝对意味着风险，关键在于债务的可持续性。

二十届三中全会对深化财税体制改革做出了诸多部署，涉及预算、税收、央地财政关系、政府债务等多方面，侧重解决地方尤其是基层政府面临的财政困难、提升财政可持续性以及为国家重大战略落地提供制度支持和财力保障。

依靠政府投资拉动经济的老路已经行不通，但在土地出让收入锐减、广义财政支出增速锐降、居民和企业资产负债表"躺平"的情况下，有必要发挥国家信用的优势，央行和财政配合，适度提高赤字率和债务水平，只有保证广义财政的支出强度，才能防止总需求和经济增速的过快下滑，为进一步深入推进改革赢得充分的时间。

与2008年金融危机后的情形不同，在当前国内外经济环境存在重大不确定性的情况下，宏观调控政策或许会加力，但出台强刺激政策的可能性比较低，一个很重要的原因可能是政府希望为应对未来的经济下行和外部冲击预留政策空间。

未雨绸缪当然很好，但在当前也不能使经济增速和居民信心下降得过快。我们常说"信心比黄金更重要"，当下，我们要千方百计保民生、保市场主体、保就业、保信心，这是中国推动科技进步、制造业转型升级、应对外部冲击的坚强后盾。

第四章

科技创新与新质生产力

新质生产力的逻辑内涵与实施路径[①]

黄奇帆

中国国家创新与发展战略研究会学术委员会常务副主席，重庆市原市长

2023年9月，习近平总书记在黑龙江考察时提出，"整合科技创新资源，引领发展战略性新兴产业和未来产业，加快形成新质生产力"。[②] 2024年1月，习近平总书记在中央政治局集体学习时对新质生产力的理论内涵、发展要求进行了系统阐述，他说："概括地说，新质生产力是创新起主导作用，摆脱传统经济增长方式、生产力发展路径，具有高科技、高效能、高质量特征，符合新发展理念的先进生产力质态。它由技术革命性突破、生产要素创新性配置、产业深度转型升级而催生，以劳动者、劳动资料、劳动对象及其优化组合的跃升为基本内涵，以全要素生产率大幅提升为核心标志，特点是创新，关键在质优，本质是先进生产力。"[③] 习近平总书记关于新质生产力的精辟论述，是习近平经济思想的重要发展，为我们

[①] 本文根据2024年4月26日作者在广东省委党校做报告的录音整理。——编者注
[②] 习近平在黑龙江考察时强调：牢牢把握在国家发展大局中的战略定位 奋力开创黑龙江高质量发展新局面[N]. 人民日报，2023-09-09(01).
[③] 习近平在中共中央政治局第十一次集体学习时强调：加快发展新质生产力 扎实推进高质量发展[N]. 人民日报，2024-02-02(01).

理解新质生产力的底层逻辑提供了重要指南。

下面我从五个方面来谈一下我的认识与体会：（1）从逻辑内涵的角度，发展新质生产力是当下中国高质量发展的内在选择、必然选择；（2）从科技创新的角度，发展新质生产力要重点围绕"五大板块"、注重"五大创新"、抓好"五大件"等三个关键环节；（3）从生产性服务业的角度，随着生产力的不断发展，社会分工不断细化，会产生各种服务业，与高质量的制造业强相关的生产性服务业是发展新质生产力的生态环境和土壤；（4）从新质生产力发展对应的企业运行方式的角度，要重点抓好五大类型的生产性服务业企业的发展；（5）从生产关系的角度，一定的生产力配置相适应的生产关系，对发展新质生产力匹配的社会基础性变革又有相应的制度要求。

新质生产力是当下中国高质量发展的内在选择、必然选择

新质生产力不是一般的经济增长，而是摆脱了传统生产力发展路径的增长跃迁，是实现中国式现代化的重要物质技术基础。

理论上，一国经济增长和生产力发展本质上是一个经济剩余逐步积累的过程。传统生产力是通过持续的要素投入，如通过资本投入、劳动力增加和自然资源的开发利用，使得生产超过消费，产生剩余和积累。新质生产力是通过科技进步和优化资源要素配置，提高全要素生产率，进而推动经济增长。

通过要素投入促进生产力发展，在历史上推动了世界许多地区的经济发展，但也带来了资源枯竭、环境破坏和不平等等问题。中国过去的经济增长在很大程度上也得益于这种要素投入型的增长模

式，但近年来随着资金、土地、劳动力等要素价格的持续上涨，比较优势不再显著。而且长期形成的靠房地产和基建等投资拉动、债务驱动为主的增长模式也难以为继。

1980年时，中国有10亿人口，人均GDP只有200美元，经济总量约为2 000亿美元，占全球GDP的比重只有1%，相当于欧洲国家荷兰的经济规模。经过40年的改革开放，2020年GDP达到了14.73万亿美元，比1980年增长了73.5倍。在这40年的伟大进程中，通过大规模的基础建设、产业投资、房地产开发，以及其他各个方面的经济发展，中国已成为世界第二大经济体，应该说是一个巨大的举世瞩目的历史性跨越和重大成就。

首先，这个发展得益于三大红利。第一，当时我国有10亿人口，具有低成本劳动力的比较优势，也就是人口红利。第二，我国改革开放的基础性制度供给，形成了改革的制度红利。第三，我国融入了全球化，就有一个全球化的红利。这三大红利推动我国长足发展、加速度发展。其次，从生产力要素投入角度讲，这也是我国40年大量的资源投入、资金资本投入以及劳动力投入产生的成果。到了目前这个阶段，我国能不能还按照过去40年大规模的资源投入、资金资本投入或者劳动力投入来推动今后几十年持续高速地发展呢？当然出现了三个明显的不可持续的问题。

从资源要素投入来说，2024年我国GDP是134万亿元，大体上消耗了全球各种资源量的50%。全世界190多个国家，从地球内部挖掘各种矿物质原料，比如铁矿石、煤炭、石油、天然气、做水泥用的石灰石，以及其他各种矿石。总之，地球上目前每年采掘各种矿产资源总计约240亿吨，我国差不多要用120亿吨，大体用了全球资源的50%。我国的GDP占全球的20%左右，我国的工业规模和进出口贸易各占全球的 30% 左右。总之，我国以全球 20%~30% 的产出规模，消耗了全球地下资源的 50%。如果按这个比例继续下去，再过 20 年，如果我国 GDP 翻了一番，我们是不是就把地球资源全部包下来了呢？GDP 翻番，资源消耗跟着翻番，显然是不可能的。

对中国的经济来说，从工业生产的源头降低资源消耗量，降低单位能耗、减少碳排放是十分重要且关键的，是我国持续发展的必由之路，这在《第十四个五年规划和 2035 年远景目标纲要》里面有充分的体现。中央政府明确提出，到 2035 年中国 GDP 的单位能耗要从现在全球单位能耗平均值的 150% 降到全球平均值；我国现在的单位能耗是全球发达国家单位能耗的两倍，到 2050 年，要降到全球发达国家单位能耗的平均值。总之，要源头减量、节能减排。

从资金资本要素的投入来说，中国的经济在 1980 年以前是计划经济，计划经济跟市场经济相比，流通中的货币使用量相对较低，市场经济则需要增加货币流通来做润滑剂，促进各种资源优化配置。这几十年，我国货币 M2 的增长幅度是惊人的，截至 2024 年年底，M2 的货币量已经达到了 313 万亿元。我国从 20 世纪 40 年代后期开始发行人民币以来，用了 63 年，到 2013 年 M2 达到了 100 万亿元，第二个 100 万亿元用了 7 年左右，第三个 100 万亿元仅用了 4 年。中国的货币发行越来越快，资金量已累积到非常巨大的程度。

总之，在十几年前，我国如果一年增加几千亿元的 M2，年度经济增长速度就可能增长两到三个百分点，物价、房价或者股市的价格也会有波动。而这两年，我国一年增加 20 万亿元的 M2，股市好像没动，房市价格也没起来，商品价格也不敏感。商业银行里面有巨额资金，这么多的 M2 带来通货膨胀了吗？看货币量好像应该通货膨胀，但是看市场没有反应，反而感觉像通货收缩。目前资金都存在银行里不出来，市场没发生周转，没进股市，没进房市，也没进老百姓的口袋去消费。在这个意义上，当下中国如果还是像过去 10 年靠增加货币，通过增加货币来刺激经济发展，是不会有效果的，货币投放的边际效应、调控的敏感度已经大大降低了。

从劳动力要素投入来说，我国 1950 年有 6 亿人口，1980 年是 10 亿人口，30 年增加了 4 亿人口，到 2020 年变成 14 亿人口，70 年增加了 8 亿人口，形成了无限供给的低成本的劳动力优势。但 2020 年以后，中国人口开始逐渐减少，2022 年、2023 年中国人口出生数量是 900 万左右，现在我们人口的平均寿命是 78 岁。如果按 80 岁算，80 年后，我们现在的 14 亿人口将基本清零，那么 80 年后中国人口是由哪些人组成的呢？就是从现在开始出生的人，如果 80 年后他们全部活着，并且人口出生数量每年保持在 900 万不下降，80 年总共也就是 7.2 亿人口。当然这是一个静态模型，中国从 14 亿人口降到 7 亿人口是一个大概率事件。以 2020 年为界，前 70 年增加了 8 亿人口，后 80 年将减少 7 亿人口，好像是一个轮回。从这个意义上讲，中国无限供给的低成本劳动力的比较优势已经进入了拐点，中国再靠劳动力的大量投入来推动经济高速增长的可能性已经不存在了。

党和政府明确提出，我们要在 2035 年实现 14 亿人的基本现代化、人均 GDP 达到中等发达国家的水平，必须确保年度经济增速维持在 5% 左右。既然过去 40 年的发展方式已不可持续，那么发展新质生产力、提高全要素生产率就势在必行。目前中国的全要素生产率增速仅有美欧发达国家的 40%~60%，有较大的增长空间。但如果没有科技革命的加持，单纯靠经济内在的量变也是很难提升的。恰好我们又处在第四次工业革命的前夜，以智能化为代表的新科技革命为新质生产力的迸发提供了条件。在这样的重大历史机遇面前，发展新质生产力，充分释放新科技革命带来的增长红利，不仅有利于提升我国的全要素生产率，降低要素成本，增加要素投入，也有利于发挥我们开展国际经济合作的新优势。从近期看，要通过发展新质生产力形成新的增长引擎，维持经济增长势头；从长期看，发展新质生产力是支撑 14 亿人实现中国式现代化的必由之路、必然选择。总之，今后几十年中国经济要实现高质量发展，成为世界经济强国，一定要推动全要素生产率的提高，而全要素生产率提高的内涵就是让新质生产力成为我们高质量发展最关键的一环。

新质生产力的科技创新与技术创新路径

围绕新能源、新材料、数字智能技术、生物医药和高端装备制造五大板块，推动颠覆性创新，是新质生产力发展的重中之重

我们说一切行业要进步，都需要科技创新，所谓三百六十行，行行出状元。但是三百六十行的每一行的各类技术进步，并不等于新质生产力的发展。在人类的发展史上，不管是原始社会、奴隶社会还是封建社会、资本主义社会和社会主义社会，现在及未来的发展，人类的每个时代都离不开能源、材料、数字智能技术、生物医药、高端装备制造这五大板块。每个时代这五个板块的新发展、新技术的革命性进步代表着的新质生产力，都会颠覆性地开创人类发展的新时代，这五个板块永恒地伴随着人类文明的演进而向前发展。

这五大板块就像五棵大树，一棵大树上面会有许多枝干，枝干上面生有许多细枝，细枝上面长出很多树叶，这五大板块蔓延开以后在社会上就会形成一个巨大的行业密集体系。《第十四个五年规划和2035年远景目标纲要》里提到了战略性新兴产业（新一代信息技术、生物技术、新能源、新材料、高端装备、新能源汽车、绿色环保、航空航天、海洋装备等产业）和未来产业（类脑智能、量子信息、基因技术、未来网络、深海空天开发、氢能与储能等前沿科技产业），这15个产业都可以归类在这五大板块里。所以，跟这五大板块直接相关的九大战略性新兴产业和六大未来产业方面的颠覆性创新，也是新质生产力。

这五大板块的颠覆性创新，代表了时代的巨大进步。这五大板块具体到每一个零件、每一个产品，一展开就可以弄出几百个行当来。其他各个方面只是延伸出来的枝枝权权，就像一棵树有树干和主要的几根树枝，枝繁叶茂是建立在这几大主干基础上的。这是一个概念，就是不要把新质生产力平庸化、庸俗化、泛化，如果泛化地把新质生产力当成一个筐，什么东西都往里装，就成了实实在在的低级红、高级黑。习近平总书记在人大代表团讲新质生产力时就讲了这些现象。我们不要因为搞新质生产力就把各行各业给忘了、给废了、不去重视了，不要把各行各业都叫成新质生产力，也不能说搞技术进步就是新质生产力，这里边有个区分。

"三百六十行，行行出状元"不是说三百六十行各行各业都代表新质生产力。我们有时候看到新闻报道，某个乡镇长说我们要抓好我们乡里面的新质生产力，这个话乍一听也没错，他在学习中央文件、在表态、在谈自己的思考。但具体一想，如果变成中国几十万个乡镇都去抓新质生产力，其实也会出现方向上的散乱。因此，新质生产力技术创新的实施路径，首先要聚焦，要围绕核心板块、战略板块、代表未来发展方向的板块展开。

一是能源。每个时代都有每个时代的能源。新能源是新时代的推进剂。比如第一次工业革命实际上源于蒸汽机的发明，是用煤炭燃烧产生的动力形成的机械化。蒸汽机的发明标志着机械化时代的到来，对当时来说就是一个新质生产力。在第二次工业革命时期，电气化对机械化来说就是新质生产力。现在已进入清洁能源时代，太阳能、核能、氢能等新型能源相较于石化能源就是新质生产力。人类每个时代总是体现为能源系统的不断创新。

二是材料。每个时代总有材料的创新。在石器时代，仅一个石器材料，人类差不多用了几百万年才从旧石器转到新石器，到后来开始出现青铜器，到了农耕时代产生铁器，这在当时来说都叫新质生产力。现在有钢铁、石油化工，形成各种各样的新材料，比如集成电路用的硅，以及石墨烯、碳等，任何一个时代材料领域的颠覆性发展都是新质生产力。

三是数字智能技术。第四次工业革命的标志是人工智能的应用。如今人类已经进入人工智能时代，这已经成为全世界的共识。这个共识的基础是1940年代末人工智能的奠基人图灵提出的人工智能发展的八个台阶。第一个台阶是深度学习。第二个台阶是增强学习。第三个台阶是模式识别。第四个台阶是搜索引擎，就是数据搜索。第五个台阶是机器感觉，就是机器听觉、视觉、嗅觉、味觉、触觉，每一种感觉的发明都可以获得诺贝尔奖。第六个台阶是机器共识，是指机器具备人类基本的伦理常识、社会共识和专业知识。

第七个台阶是自然语言生成逻辑，就是我们现在所说的ChatGPT大模型。中国人使用中文思考，英国人使用英语讨论，语言构成人类思考逻辑的内涵，人的大脑思维与语言有关。第八个台阶是类脑交叉，脑机互动。目前，马斯克、谷歌等正在研究的就是让机器的灵感信息系统与人脑直接联系，脑电波与机器人形成一体化的互动状态。

这里面有一个有趣的现象，从1950年代到现在，大约每10年人工智能总能迈上一个新台阶。最近20年进入第七、第八个台阶。八级台阶走完了，似乎还没有科学家说人工智能在这八个台阶以外，未来还有哪几个新的台阶。可能100年后回头看，才看得清这个问题。总之，1940年代基于人工智能理论想象提出的八个台阶非常伟大，80年来人工智能的发展走的就是这条路。

当人类完成这八个台阶后，可以说人工智能已经集大成。既然已经集大成，那么就进入了人工智能全面应用的时代，这是一种逻辑。第二种逻辑是当人工智能完成八个台阶后，人工智能是否将超越人类，这是西方科幻电影中经常有的画面。我们相信，人类总是能无限地向前探索，在人工智能时代，人类一定会推出人工智能未来发展的新路径。

四是生物医药。人类总想延长自己的寿命，史前的人类只能活十几年，到后来三四十年、四五十年、六七十年，到现在七八十年甚至上百年。其实在远古时代，谁能治病救人，谁就是部落领袖。"三皇五帝"的"三皇"都属此类。想象一下，在原始社会，你能帮人治病，你就是"神仙"，你就能当首领。能把病治好，能使人健康，是人类永恒的追求。

五是高端装备、高端制造。劳动工具的每一次变革，都会带来划时代的生产方式的革命。劳动效率的提高使社会形态发生相应的变革，从而推动人类社会不断向前发展。比如，现在宇宙飞船的发动机、飞机的发动机、航空母舰的发动机，能生产各种复杂零部件的高端数控装备，做芯片的光刻机，各种高端工业母机、人工智能设备，等等。高端装备制造是人类发展过程中的极大进步，不但解放了人类的双手，还解放了人类的大脑，它们必然是新质生产力。

不管是中国、欧洲还是美国，不管是过去、现在还是未来，人类总是在这五个板块上不断地进行时代创新，而这五个板块只要有一个发生颠覆性创新，就会带来时代的伟大变革。

聚焦五个层次的颠覆性创新是推动新质生产力发展的引擎

科技创新是推动一切生产力向前发展的动力。但必须是颠覆性的科技创新才叫新质生产力，并非三百六十行的技术进步、一般意义的技术革新都被视为新质生产力。在工业系统、制造业系统、人类的技术进步里，颠覆性技术创新有五个层次，具体地讲就是理论创新、技术创新、工艺创新、工具创新和要素创新。这五个层次中只要有一个层次做到颠覆性创新，就可以称为新质生产力；没有做到颠覆性，只是一般性的创新，就不能叫新质生产力。

第一，颠覆性的理论创新。比如，爱因斯坦的相对论是理论创新，现在的量子通信也是理论创新。理论创新一旦从0到1、无中生有地产生了，就会影响人类几十年、上百年的发展。

第二，颠覆性的技术创新。理论和技术是两个层面，技术创新涉及具体的生产力，理论变成生产力的过程一定有技术创新的配合，但是没有理论创新，你就不可能搞出具体的技术创新。技术创新往往能迅速得到社会的承认，95%左右的诺贝尔奖都颁给了技术创新者，而理论创新者获得诺贝尔奖的则寥寥无几。

比如说智能手机，已成为现代人类必备的工具。智能手机是新质生产力，是数字技术发展的产物，现在每年有数千亿美元的销售额。别看手机只有手掌大，但里面有上千个零部件，蕴含着10个左右的诺贝尔奖成果。只要这些成果少了一个，现在的手机就不会有这些功能。这些技术创新，代表了通信技术从0到1再到N的无中生有的发展过程，是具有颠覆性意义的创新。

第三，颠覆性的工艺创新。即生产过程中采用的创新技术和方法，旨在提高效率，降低成本，减少环境影响，提高产品质量。理论创新与技术发明结合后，形成了一个产品，但是如果没有工艺制造的发明，你就只能像手工作坊一样生产。如果一天要做几十万个，一年要做几千万个、几亿个，那就必须要有工艺流程的发明。人们需要将产品拆分成每一个零部件，然后在生产线上形成流程作业，这个流程组合起来才能实现大规模生产。因此，现代制造大规模生产一定有工艺流程、产业链配套设计的创新。不同的行业可能会有不同的工艺创新。比如，通过压铸一体化，特斯拉将原本需要多个零部件通过冲压和焊接等方式组装而成的车身结构件，转变为可以直接通过压铸工艺一次成型的单一零件。这种方法不仅减少了零部件数量，降低了生产时间和成本，而且提高了车身结构的完整性和安全性。而这一创新可能会导致汽车车体制造工艺的重大变革。

第四，颠覆性的工具创新。工具变革在人类发展史上始终处于重要地位，因为工具的革新带来了效率的提升和成本的下降，这样的例子有很多。比如珍妮纺纱机的出现，曾被恩格斯评价为"使英国工人的状况发生根本变化的第一个发明"[1]。再比如,透射电子显微镜的出现标志着人类对微观世界观察能力的重大飞跃。EUV(极端紫外)光刻机的出现让7纳米、5纳米芯片制造成为可能。基因测序仪的出现,让我们能够读取和解析生物体DNA(脱氧核糖核酸)或RNA(核糖核酸)的序列,极大地扩展了我们对遗传信息的理解和应用。

第五,颠覆性的要素创新。过去的制造,靠的是劳动力、资本、能源等要素;未来的制造,除了这些传统要素,还会有数据这一新的要素。新的要素加入,让生产函数发生了新的变化,规模经济、范围经济、学习效应会发生新的交叉组合和融合裂变。当前,人工智能技术在大数据的"喂养"下正在加速迭代,数据已经成为人工智能得以成熟的重要生产要素。未来,随着人工智能在各行各业的普及和应用,数据作为生产要素的特征和重要性会更加显著。

新质生产力的发展必然带来进入千家万户的五大件未来产品

新能源板块、新材料板块、新的数字智能技术板块、新生物医药板块、新的高端装备高端制造板块,不管哪个时代,这五个板块一旦出现颠覆性的技术创新,就会形成新质生产力。成为时代主流的新质生产力,除了转换整个社会的制造系统和生产系统,加快推进、进化、发展社会生产力,还会将之转变为进入千家万户、改变人民生活的产品,这种产品既是新质生产力技术创新的缩影,又能

---

[1] 弗·恩格斯.英国工人阶级状况[M]//马克思恩格斯全集:第二卷.中共中央马克思恩格斯列宁斯大林著作编译局,译.北京:人民出版社,1979:284.

覆盖全社会，规模巨大，从而成为那个时代的未来产品。

第一次工业革命是机械化革命。这个时代新质生产力到老百姓家庭的产品缩影，就是自行车、缝纫机、留声机、照相机、手表，拆开来都是一堆齿轮等机械化的传动。现在看来极其简单，300年前却是伟大新质生产力的缩影，就是新质生产力进入千家万户的五大件。

第二次工业革命是以电气化为本质的工业革命。新质生产力缩影体现在进入家庭的五大件，即汽车、电视机、冰箱、洗衣机、空调。这五大件100多年前在欧美出现，然后蔓延传递到全世界。这五大件真正大批量地进入中国家庭，是在改革开放之后，现在已基本覆盖。

第三次工业革命是信息化革命。信息化时代的五大件是智能手机、计算机、打印机、复印机、传真机。

第四次工业革命是以人工智能为代表的革命。现在进入了人工智能时代，这个概念已经形成了对社会改天换地的新质生产力，其缩影体现到家庭的五大件，目前已基本形成共识。

第一类是有手有脚的人形机器人。它们能够实现人的感官功能，具有视觉、听觉、触觉、嗅觉、味觉和语言交换功能，可以与老人聊天、打麻将或者做家务，同时也可以帮助孩子娱乐、教孩子读书等，甚至可以帮助主人出去购买东西。人工智能把整个城市所有商店里放了些什么东西都装了进去，你可以随时咨询，它会指导你去哪里购买东西，你也可以发指令让它把东西买回来。

第二类是个人定制的秘书式机器人。ChatGPT大模型人人都可以用，这是个综合性的训练，既是科普也是对这个机器进一步的训练。真正能形成生产力、GDP、销售值的一定是三百六十行分门别类的行业机器人，或者是具有个性特点、能保护隐私的定制式机器人。这种机器人一旦买来了，各种参数一调整，就变成定制式的了，你可以把它作为一个专门的终端放在口袋里，也可以跟手机、笔记本电脑联网，成为专为你服务的工具。

第三类是具有虚拟现实、脑机互动功能的智能穿戴设备。这些头盔、眼镜做得很逼真，很多人在一起开会，哪怕戴了智能头盔或眼镜，互相看着也不异化、不另类、没感觉，这是一个很简单的要求，很容易就能做到。最重要的是它可以脑机互动，脑子里想什么，一部手机、一台电脑就能在你的穿戴视频里出现，随即可以拿着它进行虚拟现实操作。这些东西现在样本都有，真正要实现通用化、实用化可能要二三十年以后，不过发展的确很快。

第四类是车、路、云智慧网联的智能汽车。人工智能将把汽车的各种功能和道路的利用率发挥到极致。汽车不单是运输工具，还将为人们的工作、生活提供便捷、高效、美好、安全的场景。

第五类是3D打印。3D打印现在不是在做各种工具、各种小玩意的设计，人工智能的设计已经无孔不入、无奇不有，但是最主要的是材料问题和增材问题，进去的是铁粉，出来的是一个铁器；进去的是铝粉，出来的是铝器；进去的是石膏粉，出来的是牙齿、人体骨架等石膏件。门捷列夫的元素周期表中，不同的原子排列就形成了各种各样的元素，最后元素这么堆积成有机物，那么堆积成无机物，整个世界就这么造出来了。自然用一个东西造出千奇百怪的世界，这个原子拆开了里面还是千奇百怪的微观世界。人类不能用一种材料造出千千万万的东西，因为这是宏观的材料，人类目前也不可能微观到用原子来创造万物。所以3D打印基本上就是一定企业、家庭可以使用的工具，然后尽可能地用少量的几种材料做各种各样可能需要的东西。

未来的五大件是要进入家庭的。全世界有80多亿人，假设有20多亿个家庭，如果每个家庭五大件产品各需一个，总量就是100亿件。如果10年全覆盖，10年一次折旧，每年就要生产10亿件，10年生产100亿件。对中国来说，14亿人有近5亿个家庭，所以中国家庭每年至少需要2亿~3亿件这样的产品。如果每件产品的平均价格为1万元，每年工业产值就是2万~3万亿元。

这种产品因为覆盖全社会，影响力巨大，是当代新质生产力、创新技术的缩影，是当代的高科技产品。对中国人来说，当下最重要的就是在这一轮新质生产力发展进入千家万户的产品当中，不要出现五大件都是跟跑的情况。前三次工业革命时代的五大件，中国基本没有专利，都是跟跑。第四次工业革命，我国处在一个最好的发展时代。如果20年以后这五大件在全世界覆盖，都是欧美发明的，我国还是只能利用自己的产业链集群和加工能力把它们引进、消化、吸收搞出来，哪怕搞得生产规模最大，我们也很被动。所以在未来二三十年，我们要力争这种未来产品至少有两三件是我国领跑，还有两三件是跟人家并跑的。抓新质生产力，我国要着力在五大板块、五个层次、五大未来产品上去突破，这才代表我国整体新质生产力发展的成就。

发展新质生产力要着力推动传统产业数智化绿色化转型

习近平总书记指出："发展新质生产力不是要忽视、放弃传统产业，要防止一哄而上、泡沫化，也不要搞一种模式。要统筹推进科技创新和产业创新，加强科技成果转化应用，推动传统产业转型升级，发展战略性新兴产业，布局建设未来产业，加快建设现代化产业体系。"① 传统产业种类多、体量大、市场广、产值高，是现代化产业体系的基底、国民经济的基本盘，是壮大发展新质生产力的基础和支撑。传统产业覆盖了人类社会的大部分需求，相互之间形成了紧密协作的产业链供应链关系，为社会经济正常健康运行和满足人民群众生产生活提供了基本保障。传统产业至少为新质生产力的壮大提供了两方面的条件：一方面，为颠覆性技术的产业化应用提供了丰富的产业场景；另一方面，传统产业由于体系相对完整，为代表新质生产力的产品开发和上市提供了完备的供应链。推动传统产业数智化绿色化转型，既有助于加快传统产业转型升级、实现"老树发新枝"，也有助于壮大发展新兴产业和未来产业，培育世界一流的数字经济产业集群和绿色经济产业集群，进而加快构建现代化产业体系。

一是要以发展产业互联网为抓手，推动传统产业数智化转型。 传统产业涉及面广，除了一部分由链头企业引领带动、在地域上相对聚集、形成产值上千亿元甚至万亿元的产业集群，绝大多数都体现为相对分散的中小微企业。与产业集群相对容易开展数智化转型不同，这些一个个"单枪匹马"、分散在各地、数量众多、各自为战的中小微企业要实现数智化转型难度很大，需要发挥政府和市场两只手的共同作用，找对关键抓手。产业互联网正是推进广大中小微企业数智化转型的关键抓手。产业互联网依托新一代信息技术、人工智能、云计算、区块链等技术，在需求和供给两端分别通过消费互联网、工业互联网，将产业链上下游各类企业进行全流

---

① 习近平：发展新质生产力不是要忽视、放弃传统产业 [OL].[2024-03-08].http://lianghui.people.com.cn/2024/n1/2024/0308/c458561-40191849.html.

程贯通，根据客户偏好进行小批量定制、大规模生产、全球化配送，进而形成上下游全面数智化、集成众多供应商和面向海量客户的网络共同体。这样的产业互联网，以海量客户的需求为牵引，将千千万万的中小微企业按照一定的管理标准、管理流程连接起来，形成了一个以数字化管理、平台化设计、网络化协同、智能化制造、个性化定制和服务化延伸等新模式新业态为特点，产业链上中下游互融共生、分工合作、利益共享的网络式一体化协同创新的新型产业组织。这样的新型产业组织将成为主导传统产业数智化转型最重要的力量。

以产业互联网为抓手，推进传统产业数智化转型可以起到事半功倍的效果。多数中小企业生产经营往往零打碎敲、不成体系，正如前文分析的，单靠自身的力量推动数智化转型会面临认知不到位、信息不对称、利益不一致、标准不统一、政策不协调等问题，但一旦加入产业互联网，情况就不一样了。产业互联网不仅为加入企业提供了瞬息万变的市场信息，更重要的是为加入企业将市场范围由一隅之地一下子拓展至全球。市场范围的扩大，改变了加入企业进行数智化转型所面临的成本收益约束，原来在短期内无法自我平衡的转型成本变得可以承受了。而且为了及时响应客户需求，就要接受产业互联网平台企业对供应链企业从生产到经营、从采购到销售的一整套管理要求，需要将自己的管理系统与产业互联网平台进行无缝对接，进而使得上中下游消除了信息不对称和利益不一致等问题。这种由"打一枪换个地方、漫无目的的散兵游勇"向"训练有素、情报共享的快速反应部队"的转变，对数智化水平的提升是显而易见的。

在传统产业向现代化产业转型的过程中，过去那些囊括了全部环节的大而全、小而全的生产制造企业将日益让位于专注于某一领域的"一指宽、一公里深"的专精特新服务企业。而产业互联网就是这样一些专精特新服务企业的网络化集群,它们以极低的成本、极高的效率来协同分工日益深化的不同企业并参与一个巨大的生产网络。以这样的网络为依托,数智化转型就会水到渠成,自然也会不断萌发出新质生产力的嫩芽来。

二要以打造绿色低碳产业集群为抓手,推动传统产业绿色化转型。传统产业绿色化转型是倒逼产业结构深度调整,进而提升国民经济效益质量的过程,是中国经济真正实现高质量发展的凤凰涅槃的过程。

一是要加快形成世界级清洁能源产业链集群,培育经济增长新动力源。能源结构的巨大调整会带来天量的投资。比如在供给端,如按照每千瓦时 5 000 元的投资标准,120 亿千瓦时的装机将需要 60 万亿元的投资;在消费端,各种终端用电用能设施的更新改造,如电动车、智能环保建筑等至少会形成 40 万亿元的投资需求;而传输端和配送端,远距离输配电的特高压及智能电网设施等投资至少也需要 50 万亿元。这样加起来会达到 150 万亿元之巨。对此,各地区不能一哄而上,搞低水平重复。建议国家有关部委出台政策措施,鼓励有条件的地区发挥自身优势,通过扩链强链补链,加快形成空间上高度集聚、上中下游紧密协同、具有全球竞争力的世界级清洁能源产业链集群。同时,要理性选择技术路线,特别注意对氢能的开放利用要建立在安全可靠的基础上。此外,在我国清洁能源产业蓬勃发展的过程中将会出现几个生态主导型的企业和几百甚至几千家独角兽企业。对于这些企业,我们要吸收上一轮互联网浪潮中我国企业被外资投资控制的教训,以国有资本运营公司为依托去主动培育这些潜在的"独角兽",分享产业发展红利。

二是要采取切实措施推动工业部门脱碳减碳,构建绿色低碳工业体系。在实现"双碳"目标过程中,作为耗能排放大户,传统工业部门面临如何脱碳减碳问题。建议从五个方面推进脱碳减碳:(1)源头减量,即在工业投入品的源头减少能源消耗。比如钢铁行业,要进一步优化燃料结构,降低燃料比、铁钢比,发展短流程炼钢。(2)节能减排,积极推广应用先进用能技术和智能控制技术,提升电力、冶金、化工等重点高耗能产业的用能效率。如果我国能源利用效率可以达到2019年的世界平均水平,每年可节约15.8亿吨标准煤,可减少碳排放约39亿吨。(3)循环回收,比如对工业企业生产过程中的余热和中间物料进行回收利用,对产品实行全生命周期管理,发展再制造产业。(4)工艺流程改造,通过采用低碳技术对工艺流程进行绿色化改造,淘汰高碳高耗能设备。(5)对各种废弃物回收利用,比如冶金炉渣建材化、城市固废资源化、环境治理生态化。在具体操作上,建议学习借鉴国际经验,以行业龙头企业为依托,以碳中和为目标,通过市场机制构建互惠互利、合作共赢的产业链上下游利益共同体,发挥产业链上下游企业协同效应,推动构建绿色低碳新型工业体系。

生产性服务业的创新发展是推动新质生产力发展的生态环境

着力发展十大生产性服务业

任何技术进步、任何大生产的发展都涉及社会分工。分工越细,就越需要协作、协调。通过协作、协调把各种碎片化的分工连接成无缝对接的产业链、供应链、价值链,这当中表现出来的分工协同就是服务业。制造业的分工产生生产性服务业，生活的分工产生生活性服务业，当今人类社会的服务业就分成了与制造业有关的生产性服务业和与生活有关的生活性服务业两种。我们可以直观地想象，制造业是一个社会发展的脊梁，所以生产性服务业一定是在人类社会的服务业中占大头。高质量的制造业，一定伴随着发达的生产性服务业。一个国家、一个地区要发展新质生产力，首先要把生产性服务业搞上去，如果一个社会生产性服务业不发达，发展新质生产力就是南辕北辙。

科技进步所带来的技术创新和生产力的提升，使得社会分工趋于复杂化和多样化，极大地促进了经济的发展和社会的进步。现代工业文明和现代化的生产系统形成了以下十大类生产性服务业。

第一，产业链上的科研创新。一是发明新的工业产品。不管是工业装备还是耐用消费品终端，总之是一个创新产品。二是构成这个工业产品的零部件开发。一个复杂高精尖产品拆开来有几百上千个零部件，这些零部件也是发明创造。三是生产线的开发。把这些零部件组装在一起的生产线，是一个工艺流程的发明创造。总之，产业链涉及的各个环节的研究开发都属于生产性服务业。

第二，产业链上的各种软件研发设计。包括为全社会服务的操作系统、生产制造环节的工业控制软件、供应链管理环节的管理软件、产品设计与研发环节的工具软件、数据分析与决策支持的工具软件、基础技术支持层的平台系统软件、跨领域协同的工具软件、各行业的专用软件的开发应用等等。

第三，产业链上的检验检测及市场准入。一个产品涉及上千个零部件，这个社会可能有 3 000 个企业分门别类地做这些零部件，每个零部件又有好几个企业能做，但是到底选谁？要选质量最好、效率最高、成本相对较低、比较忠诚、可持续的企业进入产业链。这时候供应商准入、产业链准入、市场准入的选择，以及对各种零部件质量的检验检测成为现代工业生产过程中非常重要的一环。越是高技术产品，工艺越复杂，这块业务就越多，越能代表产业链把关的能力。这种把关往往都是由产业链龙头自己做判断或者委托第三方来做，比如苹果产业链的准入由苹果公司直接下诊断书，华为产业链的准入由华为直接主导。

第四，产业链上的物流配送。物流包括铁路、公路、空运、海运、水运和仓库的无缝对接及高效协作。产品的零部件来自全世界，上千个产品要同时到位，如果一些零部件提前到位，就会压仓产生成本；如果有一个零部件不能准时到位，就会使其他零部件躺在那里窝工，造成整个生产线误工。要想做到既不误工又不压仓，产业链物流全球化配送必须准确到位。

第五，产业链上的金融。产业链上产品的买卖，资金怎么清算？产业链上大大小小上千家企业的金融结算不是一个一个互相串联着支付，而是由链头企业搞一个清算中心，所有企业把买货的资金或者要收的资金直接并联在这个清算中心，然后形成快速高效的结算。产业链金融还包括产业链上企业的融资贷款、租赁抵押、风险投资、发债、上市、REITs（房地产信托投资基金）等各种各样的金融服务等。

第六，产业链上的生态环保、绿色服务。运用科学的方法和工具，对企业的生产活动进行全面的环境影响评估，准确识别关键环境影响因素，并提出针对性的优化措施；结合行业领先的实践和技术，为企业提供定制化的清洁生产解决方案，在提升生产效率的同时，显著降低环境污染；还包括环境法规遵从性指导、环境管理体系建设与认证支持、供应链环境绩效评估、环境监测与数据分析、碳足迹评估与减排策略等服务。

第七，产业链上的数字化赋能。大数据、云计算、人工智能、区块链、互联网对传统产业的赋能。通过整合先进的数字技术，对产业链的各个环节进行深度优化和重构，以实现价值最大化和效率提升。通过工业互联网的赋能，生产流程实现高度自动化和智能化，显著提升生产效率和产品质量。通过产业互联网赋能，涵盖从市场需求分析、产品设计、研发到生产、物流配送、销售乃至售后服务的信息流畅和协同高效，实现跨部门、跨地区的信息共享和协同，缩短新产品开发周期，加速新产品上市进程。

第八，产业链上的贸易批发、零售及售后服务。可以是线上的贸易批发零售，也可以是线下传统的贸易批发零售。通过供应链的数字化，将线上线下融为一体，提高供应链的透明度、响应速度和灵活性。利用大数据分析技术，企业能够更准确地预测市场需求，优化库存管理，降低运营成本。多渠道的分销策略使企业能够通过线上线下结合的方式拓宽销售渠道，满足不同消费者的购物偏好。售后服务不仅仅是我们以前说的产品销售后的三包服务，那是浅层次的。现在的售后服务，往往是一个硬件卖给你，过了三五年，里面的软件隔半年、隔一年就升级，升级以后功能更加强劲、使用更加流畅，通过迭代升级服务使客户跟企业长期挂在一起，同时企业就可以不断地延长对客户的服务收费。

第九，产业链上品牌专利的保护和推广营销。品牌专利保护，包括专利检索与分析、专利申请与代理、专利布局与规划、专利监测与预警、专利争议解决等服务。品牌推广营销，包括品牌定位与策略咨询、数字营销与社交媒体管理、公关活动与事件营销、市场调研与消费者行为分析、创新设计与视觉传达、营销效果评估与优化等服务。通过这些服务，企业可以在保护品牌专利的同时，有效地推广品牌，提升其市场竞争力。

第十，产业链上的各种服务外包。任何一个产业链上都有成百上千个企业，需要律师服务、会计服务、人力资源服务、咨询服务、技术服务、各种需求分析与评估、供应商选择、市场营销、合同谈判、服务监督与管理、绩效评估、风险管理、教育培训等。服务外包的目的是通过利用外部资源，帮助企业降低成本、提高效率，并专注于其核心业务。随着技术的发展和全球化、数字化的推进，服务外包已成为许多企业优化资源配置的重要手段。

以前说的微笑曲线，一头是研究开发，另一头是售后服务，中间就是生产、分配、流通、消费，构成经济循环的全过程。随着技术进步和分工细化，现在这十大生产性服务业都攀附在这个微笑曲线上，使微笑曲线延伸了，左边研发越来越超前、往前移，后边的售后服务也越来越长，其他生产性服务业的作用也越来越大，使得微笑曲线进一步拉升，就像一匹马的脸拉得长长的，这条拉长的微笑曲线就变成了马脸曲线。

生产性服务业是现代经济发展重要的增长极

以上依据产业链的服务分工细分的十大生产性服务业基本上在各个国家都是一致的，这些服务业的发展是有统一的衡量标志和指标的。按照国家统计局的《生产性服务业统计分类（2019）》，生产性服务业包括为生产活动提供的研发设计与其他技术服务，货物运输、通用航空生产、仓储和邮政快递服务，信息服务，金融服务，节能与环保服务，生产性租赁服务，商务服务，人力资源管理与职业教育培训服务，批发与贸易经纪代理服务，生产性支持服务，共十大类。这十大类和制造业强相关，制造业的各种附加值、服务性附加值都是由它来代表，这一块如果不到位，生产制造的产品就不会高端化。目前，我国虽然制造业规模占全球的比重超过了30%，但与制造业强相关的生产性服务业却相对滞后，在全球产业链供应链中的位势不高的根源正在于此。

生产性服务业通过提升产业附加值、优化资源配置效率、促进技术创新扩散，已成为现代经济增长的核心动力源，其发展水平直接决定一个国家在全球价值链中的地位。生产性服务业不仅仅是制造业高质量发展的基础，也是新质生产力发展的生态、环境和土壤，更是自带光环，其本身就是新质生产力。表现在现代经济发展上，生产性服务业是一个国家GDP最大板块的增长极，是驱动服务贸易发展的坚实基础，是各种高端终端产品高附加值的灵魂和基因，是资本市场产生"独角兽"的动力源泉，也是提高一个国家全要素生产率的核心引擎。

生产性服务业是一个国家、一个地区、一个城市GDP最大板块的增长极。越是发达的国家，生产性服务业的比重越高；越是相对不那么发达的国家，服务业的比重越低。2024年，我国GDP中服务业增加值占56.7%，其中生产性服务业的占比为31.4%，和欧盟的40%、美国的47.7%相比差距较大。这也是中国式现代化最大的短板之一。换言之，我们要实现中国式现代化，必须加快发展生产性服务业。

如果我国能将生产性服务业占GDP的比重由31.4%提高到38.4%，增加7个百分点，在我国134万亿元的GDP里就是近10万亿元的增加值，折算成销售值就会是30万亿元。30万亿元的生产性服务业绝对会增加几千万个就业岗位，这些就业岗位就会将我国目前过剩的写字楼全部填满。从这个意义上说，解决房地产业中写字楼过剩的关键是发展生产性服务业。

这里有个概念，生产性服务业决定制造业的利润多少、产业附加值高低和 GDP 的含量。比如，苹果在中国一年一共生产 1.7 亿部手机，1 部手机卖 1 000 美元，总销售额是 1 700 亿美元。由于中国综合制造成本较低，苹果手机在中国有 40% 左右的税前毛利，也就是 680 亿美元。苹果没有出一分钱搞固定资产投资、生产线建设和硬件制造，也没有出一分钱的流动资金买零部件来搞组装，却硬生生从 680 亿美元的毛利中拿走约 510 亿美元（75%）。中国的制造业企业拿走 170 亿美元也挺高兴，因为整个中国制造业的平均利润率只有 7%，给苹果打工能拿到 10%，大家还蛮高兴的。京东方的屏幕被苹果选上了，京东方的股票也会上涨一点，因为效益好。苹果凭什么能拿走 75% 的利润？因为苹果管理着产业链的研究开发、物流配送、市场准入、检验检测、绿色低碳、数字化赋能、金融清算、销售及售后服务，是提供十大生产性服务业的总龙头。谁负责管理十大生产性服务业，谁就是这个产业链的链头和灵魂，谁就是价值的堆积者。它的专利要收费，服务要收费，各种其他的服务项目都要收费，最后生产性服务业决定现代制造的含金量，这是一个很重要的概念。

华为 2024 年的总营收有 8 600 亿元，无论是手机、服务器、路由器还是 5G 基站，他们都没有自己制造。华为东莞松山湖基地、上海青浦基地，包括在全球、全国其他地方的总计 20 万名员工，几乎都是生产性服务业的工作人员，不搞制造，具体的制造都外包给别人。在华为的 8 000 多亿元总营收中，有 800 多亿元的净利润，在中国企业中名列前茅。他们每年要拿出1 000多亿元作为研发经费，相当于8 000多亿元的20%。这么大比例和大额度的研发经费，实际上投入了十大生产性服务业的全部业务开发。

刚才提到，苹果每年将生产性服务业输入我国，最终获得510亿美元的毛利，这相当于中国人购买了它510亿美元的服务。从这个意义上讲，美国人将大量的生产性服务业输入其他国家，将大量的工业制造放在世界各地，而世界各地制造出来的产品附加值的2/3~3/4被他们拿走。拿走之后GDP并不算在美国，而是算在生产国。例如苹果在中国所获得的510亿美元毛利肯定算在中国的GDP中。2024年，美国的GDP是29.2万亿美元，它的生产性服务业输出到世界各国，变成利润拿回去，如果拿回去2万亿美元，这2万亿美元根本没有算进它的GDP，从本质上看，29.2万亿美元GDP的含金量相当于31万亿美元。

如果一个地方生产性服务业比重较低，即使这个地方的制造业规模大，也一定是二流、三流水平的附加值较低的产业体系，生产出来的产品含金量不高。如果该地区工业规模较大，产品附加值极高，但生产性服务业水平较低，那么一定有第三方在向该地区输入生产性服务业，从而提高其产品价值，产生的大部分利润就被输入生产性服务业的企业拿走了。中国式现代化，如果没有发达的生产性服务业，只是为他人作嫁衣，即使工业产值达到了全世界的30%，它的大块利润也会被人家拿走。在这种情况下，中国的现代化生产体系、生产力体系与欧美发达国家相比最大的短板就是生产性服务业，而非制造业。我国的制造业规模已经达到世界第一，硬件制造能力也不差，但制造业大而不强，其原因就是诸如研究开发的生产性服务业不到位，由此可见生产性服务业的重要性。

生产性服务业是驱动服务贸易发展的坚实基础。一个国家的进出口有货物贸易，也有服务贸易，服务贸易包括生活性服务业和生产性服务业的国际化活动，生活性服务业和生产性服务业只要一跨国就叫服务贸易，在国内就是服务业。当今世界有一个特征，最近三四十年，服务贸易越来越发达和国际化。40 年前，整个世界的贸易量中，服务贸易只占全部贸易的 5%，现在要占 30%。2023 年，美国的进出口贸易总额是 6.88 万亿美元，其中货物贸易 5.16 万亿美元，服务贸易 1.72 万亿美元，服务贸易占比为 25%。中国的进出口贸易总额是 6.87 万亿美元，其中货物贸易 5.94 万亿美元、服务贸易 0.93 万亿美元，服务贸易占比只有 13.5%。欧盟 27 个成员国 2022 年的进出口贸易总额是 5.58 万亿欧元，其中货物贸易 3.15 万亿欧元、服务贸易 2.43 万亿欧元，服务贸易占比为 43.5%。从这些数据的对比不难看出，我国的服务贸易比重偏低，结构也不好。我国的服务贸易大都以生活性服务贸易为主，比如旅游接待，外国人来旅游，住宾馆、到旅游景点要付费，属于生活服务业的出口。反过来，我国进口大量的生产性服务业，比如惠普、微软、苹果公司的产品和服务，它们将生产性服务业注入我国的生产基地，形成了对我国服务贸易的出口。生产性服务业的服务贸易含金量比较高、人才密集、技术密集、资本密集，而旅游接待的服务贸易是劳动密集型的，含金量比较低。

中央反复强调要把服务贸易搞上去，2020 年 9 月在北京召开了中国国际服务贸易交易会，习近平总书记发表讲话，党和国家领导人、各部部长和各省省长悉数参会，商务部印发了《全面深化服务贸易创新发展试点总体方案》，出台了 122 条促进服务贸易的创新措施，并且确定今后每年召开一次相同规格的会议，可见党中央、国务院对服务贸易的高度重视，同时也说明服务贸易的重要性。开会部署和出台创新措施的基础和核心就是要把国内的生产性服务业搞上去。

生产性服务业是各种高端终端产品高附加值的灵魂和基因。服务价值嵌入装备、终端产品中，其价值比重占比很高。当今世界，所有高端装备及终端产品的价值，50%可能是硬件制造的价值，还有50%是看不见摸不着的服务价值。比如一部手机卖了7 000元，可能3 000多元是硬件制造的价值；还有3 000多元是软件、操作系统、芯片内置的程序和各种专利体现的价值，拆开来，这些服务是看不见的，组合在一起，手机的灵魂就是这些服务，所以它的含金量占40%~60%。这些服务的具体表现就是十大生产性服务业嵌入产品中，它们的价值就装进制造品里去了。一个社会、一个国家高档制造品中服务价值的比重很能说明问题，如果这个比重达到40%~50%甚至更高，当然是高端。

生产性服务业是催生资本市场产生独角兽企业的动力源泉。资本市场是服务业市场和金融市场，其中美国独角兽企业的市值占资本市场总市值的30%。美国资本市场总额有40多万亿美元，30%即12万亿美元，折算成人民币约为90万亿元。目前国内股票市场总市值为80多万亿元，如果将科技创新类板块视为"独角兽"，在股票市场中，其市值不到10万亿元。我国代表新质生产力的独角兽企业占比并不高。

生产性服务业是提升全要素生产率的核心引擎。新质生产力的时代标志就是全要素生产率。全要素生产率达到GDP增长动力的50%以上，是新质生产力发展良好的社会标志和宏观经济指标。发展生产性服务业与提升全要素生产率有着密切的关系。生产性服务业，特别是数智技术、金融服务等，能够优化企业和行业的资源配置。通过提供更高效的资金和信息流动平台，这些服务可以帮助企业更好地决策和安排生产，降低资源浪费。生产性服务业为各行业提供技术支持，尤其是在数据处理、人工智能、自动化、云计算等领域。通过这些技术的应用，企业能够提升生产效率、降低成本，并在更短的时间内实现更高的产出。生产性服务业的多样性使得不同企业之间能够通过外包和合作等方式，专注于各自的核心竞争力，从而推动产业间的整合与协作。这种协作不仅降低了生产成本，也提升了企业的整体效率。特别是金融服务业的发展和完善，可以为企业提供更多的融资渠道，使得企业能够有效使用资本进行技术改造和生产扩张。这有助于提升资本的生产性，进而提高全要素生产率。另外，发展生产性服务业有助于推动市场竞争。更高效的服务可以降低市场准入门槛，促进更多创新型企业的出现，从而推动经济整体的生产率提升。总之，生产性服务业不仅作为经济发展的重要组成部分，还通过技术创新、资源配置优化等多种途径，直接或间接地推动了全要素生产率的提升。

以上讲了十个生产性服务业和体现生产性服务业发展程度的五个宏观的经济参数。如果我们推进新质生产力成功，那么这些宏观参数一定会很亮眼。反过来，能够把一个地区的这五个宏观参数关联的行业、产业做好，这个地区就会形成技术进步的氛围，新质生产力也会大大发展。比如你把硅谷的这些参数算一算，就知道它们很厉害。美国近几十年独角兽企业的产生、新质生产力的发展基本在硅谷，不是没有原因的。从这个意义上讲，十大生产性服务业加五个宏观的服务体系指标，其实就代表了新质生产力能够顺利发展的生态环境。

重点抓好五大类型的生产性服务业企业的发展

每个时代有每个时代的产业组织方式。比如农耕时代,分工不那么具体,制造业采用作坊式,一个家庭几个人,一个师傅带几个徒弟,小而全,大而全,制作的是简单的工具。一家人做纺织,什么都是自己做,因为这个东西本身就不复杂。到了现代工业化时代,产业分工越来越细,这个时候公司制就诞生了。公司制是对农耕时代作坊制的一个升华,公司相对于作坊,结构更复杂,产业组织方式更精细,生产效率也更高。随着技术的不断进步,分工也不断细化,生产性服务业的业态也在发生变化,其产业组织和企业运行模式表现出五种不同的方式。

第一种,成千上万个专精特新的生产性服务业企业。这些企业分布在各个城市,为全社会各行各业开展不同的服务。

第二种,一手抓生产性服务业、一手抓制造业的大型企业集团。它们两手抓,既搞研究开发、物流配送、售后服务等生产性服务业,同时也是大规模的制造业企业,比如中石油、中石化、格力、海尔等。

第三种,专注于某个生产性服务业领域的《财富》世界500强企业。比如法国的施耐德电气,为全社会提供绿色低碳、数字化转型服务。还有新加坡的普洛斯,为全球提供智慧物流服务。

第四种,专做生产性服务业的链头企业。它们围绕着一些产业技术先进、市场需求巨大的世界级的工业产品,比如手机、计算机等产品,在产业链集群中只做与这些产品相关的生产性服务业,制造全部外包给代工龙头企业。比如苹果、惠普、微软、华为,产业链十大生产性服务业都是它们自己管,就做链头,制造业都外包给富士康、广达电脑、比亚迪电子、立讯精密等代工企业。

第五种,产业互联网企业。随着数字网络技术和人工智能技术的不断推进,当下世界最高效的以销定产、以快打慢、以新打旧的产业组织方式是产业互联网+产业链集群,这将是新质生产力又一个标志性的推进。

由于产业互联网是近几年流行的新生事物,在这里我特别强调:产业互联网才是真正的蓝海。经过30年的发展,我国的互联网实现了从无到有到强的跃升,消费互联网孕育出一系列新应用、新模式、新业态,改变了中国,也改变了世界。如今互联网已行至下半场,消费互联网增长红利正在逐渐消退,发展的天花板已近,想要继续走在世界前列,需更多聚焦产业互联网,打开赋能产业新空间,激发更多新质生产力。与消费互联网不同,产业互联网下,每一个行业的结构、模式各不相同,并不是"一刀切"的,而是针对不同行业生态的"小锅菜",需要一个行业一个行业地推进。汽车产业链的产业互联网就不适用于电力产业链,化工产业链的产业互联网也无法直接平移复制到金融行业。

产业互联网具有以下三种类型。

一是大型企业集团的工业互联网平台。由一个企业或者一个集团内部的数字智能化部门来推进,实现整个企业的市场信息采集、设计开发、生产制造、采购销售、物流运输等全链条的数字化,把自己上中下游的产业链搞成一个产业互联网。比如青岛海尔公司卡奥斯平台。

二是行业性的产业互联网平台。依托互联网的平台和各种终端,将行业内几百家提供研发设计/金融保险/物流运输等生产性服务业的企业、上千家制造业企业以及上万家原材料/零部件供应商，通过数字系统、网络系统全面贯通，并将触角延伸到全世界的消费者，根据消费者偏好实现了小批量定制、大规模生产、全产业链贯通、全球化配送。比如广州番禺的希音公司。

三是区域的产业互联网平台。一个第三方的数字化网络平台把一个城市、一个县、一个乡镇的产业链集群通过互联网兜起来，产业链集群中每个产业本身都有信息反馈、设计研发、物流配送、生产制造上中下游配套、采购销售、售后服务等环节，然后把这些环节进行全数字化的表达，通过万物发声、万物万联、人机互动、智慧网联将这些环节串在一起，这样互联网与一个个产业链集群就实现了完全的数字化融合，形成产业互联网平台。比如阿里巴巴的1688平台、拼多多的跨境电商平台Temu等。

产业互联网具有以下几个特点。

一是产业互联网具有产值叠加效应。产业互联网与消费互联网有本质的不同。消费互联网卖掉1 000亿元的产品就是1 000亿元的销售值。产业互联网如果卖掉1 000亿元的服装，那么这1 000亿元的服装是由这个网络平台里的制造企业生产出来的，就相当于网络关联的这个制造企业群制造了1 000亿元的工业生产值，同时网络又销售了1 000亿元的销售值，两个1 000亿元产值的叠加就是2 000亿元；同时，网络平台里为制造业配套的零部件企业、原材料企业可能占了60%的生产成本，又有600亿元，再加上平台上研究开发、物流配送、其他服务的产值往上叠加，又有1 000亿元，所以就构成了三个1 000亿元的叠加，产生3 000多亿元的总产值。在实际运行过程中，包括品牌、市场渠道都跟这个产业互联网连上了，产业互联网变成包打天下的一个重要品牌，几千个、上万个企业都在这个品牌的"大树"下活动。

二是产业互联网将推动传统产业转型升级并使之重新焕发生机。作为产业互联网平台，希音公司将珠三角地区原本要转移到东南亚或者关门的上千个劳动密集型服装制造企业留了下来，同时带动了为服装制造企业服务配套的原材料企业、辅料企业、物流企业、设计企业等总计上万个各种各样的中小微企业的生存发展，又带动了 100 万人就业。由于产业互联网平台对产业链中上万个中小微企业进行了数字化赋能，从而实现了市场需求、研发设计、生产制造、物流配送、市场销售等全网一盘棋，牵一发而动全身。希音公司在全球 150 多个国家和地区有几百个销售点，他们把线下 B2B（企业对企业）、B2C（企业对消费者）和全球线上 B2B、B2C 的销售情况，以及同步的市场需求及市场行情分析情况，在第一时间交给网上的几十个设计单位，设计单位立即设计出 20 个样品，制造企业每个样品制作 1 000 件，迅速推到市场销售。如果有 5 个样品的产品一卖而空，那么马上反馈回来，制造企业迅速组织生产，制作几万件畅销产品推向市场，实现以销定产、以快打慢、以新打旧，这种快速反应的优势一旦建立，就会在市场竞争中取得领先。这种领先优势既带动了上万个中小微企业同步发展，又赢得了消费者的喜欢和认可，还得到了资本市场的青睐。希音公司还未上市，其估值就超过了 1 000 亿美元，成为名副其实的独角兽企业。

三是产业互联网必然会推动一个地区的生产性服务业加速发展。一个产业互联网之所以能够将上万家企业网络联动，不是靠对上万家企业股权投资，不是靠财务补贴，不是靠渠道垄断，更不是靠亲属关系，而是靠生产性服务业的全方位发展和完善。一个成功的行业性产业互联网，生产销售的规模往往会很大，将带动一个地区的制造企业的发展，形成产业链集群，使这个地区成为某个产业的生产制造中心；因为销售值很大，也会使这个地区成为贸易中心；因为生产销售需要物流配送，又由于体量巨大，也会使这个地区成为物流中心。产业互联网不仅带动了这个地区的制造业、贸易批发零售、物流运输，还会带动产品的研发设计和品牌开发，成为某个产业的研发和品牌设计中心。围绕这些中心的各种生产性服务业也会一并展开，会产生大量的会计师服务、律师服务、人力资源服务、绿色低碳服务、品牌专利保护及推广服务，以及各种金融业务的服务、各种咨询服务和服务外包的服务，等等。这些生产性服务业企业也将搭载在产业互联网平台上与制造企业融合在一起，互相缠抱依靠，形成产业互联网生态和发展新质生产力的生态。

四是产业互联网将实现金融科技的全面到位。金融科技旨在解决中小微企业融资难、融资贵的问题。产业互联网使上万家企业在网上形成生产体系，各环节互相联动，每家企业的需求、生产和订单一目了然。商业银行与产业互联网一联网，对各企业尽职调查的数据应有尽有，可立体地对每个企业画像，信用、杠杆、风险高下立判，就像主办银行一样，能够快速地为产业互联网中的企业贷款融资，从而有效解决中小微企业融资难、融资贵的问题。同时产业互联网还会将网络上产生的各种产值和税收引流到公司注册地，使当地形成一个区域的金融中心，不但增加这个区域的GDP，而且GDP的含金量还会特别高。

各地招商引资，再用各种优惠政策抢蛋糕的办法已难以为继。哪个地方能培养出几个行业性产业互联网，或者引进几个行业性产业互联网到当地落户，就可以将制造中心、物流中心、贸易中心、金融中心、生产性服务业中心拉到当地，在别人一点感觉还没有的时候，你已先行者通吃。当今世界，逐鹿中原，得产业互联网者得天下。

这就是产业互联网加上中下游产业链集群、水平分工加垂直整合的产业新模式,是新质生产力未来发展的新业态,也将是各地、各种企业竞争的关键。

与新质生产力相适应的生产关系

生产力的发展会带动生产关系,生产关系的优化能刺激生产力的发展。因此新质生产力需要与之匹配的基础性社会制度,即生产关系的构建。这涉及改革开放,即供给侧结构性的制度化改革。这里讲得的不是广义的生产关系,而是与技术创新本身直接相关联的一些制度。我认为有七件事需要引起高度重视,并进行制度化地创新。

第一,增大研发经费的投入。新质生产力要重视创新,特别是原始创新。我国研究开发经费的目标定位是每年占GDP的2%,这已经有十几年,有些省份、城市早就超过,但有的还达不到,全国平均约2%,最近几年已经超过2.5%(2022年为2.54%、2023年为2.65%)了。[①] 研究制订第十五个五年规划和2040年远景目标时应该提出一个逻辑,设定全国研发经费要占GDP的3%,到2035年是不是应当进一步提升到4%?我国过去投入大量资金搞基础设施建设,产能超前,建设超前,把今后20年的基础设施需求可能都已经提前满足了。从这个意义上讲,我们可以将省出来的钱更多

---

① 参见国家统计局、科学技术部和财政部发布的历年《全国科技经费投入统计公报》。——编者注

地往新质生产力所需要的科技创新上去投。这个指标是一个国家的制度化安排，是适应新质生产力发展必须调整的。

第二，增大原始创新研发经费的投入。科研创新首先是原始创新、从 0 到 1 的源头发明创造、无中生有的创新。在这方面，中国过去二三十年的投资力度明显不够。中国现在每年的研发费用位居世界第二，总量不小，但是其中只有 5%~6% 投资在原始创新上。而发达国家每年研发费用的 20% 投资在源头创新、重大发明创新上。所以与发达国家相比，中国在源头创新方面的投入力度不够，到 2035 年应该力争使我国的原始研发创新投入占比赶上世界先进水平，达到 20%。这是一个基础性的指标，这个指标一调整，整个生产关系和新质生产力之间就比较匹配了。

第三，提高原始创新成果的转化力度。在研发成果的转化上，我国也存在明显差距。从 0 到 1 这一步好不容易迈出来了，在从 1 到 100 的转化上却力度不够。目前中国的转化度大体上是发明量的 20%，与世界 50% 的转化度相比明显偏低。任何发明创造不可能 100% 转化，但 40%~50% 的转化是应该的。目前我国的制度是一切科研成果的知识产权专利投资者占 30%，发明者、发明团队占科研成果知识产权的 70%，听起来我国对发明团队高度重视，但是发明团队能发明，不见得能转化。最近这 20 年，每年有上千个获得技术进步奖、创新成果奖的科研成果，但是很少有发明者因为知识产权变成亿万富翁的，因为没有转化就没有生产力，就没有利润。要重视科研成果转化，还是要学发达国家的做法，不管是美国还是欧盟，知识产权专利都是三个 1/3，也就是任何科学发明的知识产权专利出来，谁投资谁拥有 1/3，谁发明谁拥有 1/3，谁转化谁拥有 1/3。这样一来，如果发明者自己把它转化成生产力，那么发明者就可以拿2/3。发明者能发明，但不一定能转化；转化者懂市场，只要制度保障到位，就会有大量的转化者参与进来推动创新成果的转化。美国的《拜杜法案》就是三个1/3的法律规范，推动硅谷成为全球研发创新及科研转化的高地。我国缺一个这样的制度机制，即怎么保障转化者的利益。发展新质生产力需要这样的转化，需要有一套行之有效的科研开发的投资、发明、转化的法律制度，这也是生产关系促进新质生产力发展的重要一环。

第四，建立健全培养打造独角兽的资本市场体系。好不容易实现了从1到100的转化，那怎么样把这些产品大规模生产形成"独角兽"，成为一个重要产业呢？总体来讲，我国产业发展缺少资本的有力支撑，缺少金融的有力支持。在这个意义上，各种私募基金、公募基金、资本市场的科创板怎么来帮助这些科创企业成为"独角兽"，形成重要产业，也是我们今后要努力的事。这方面资本市场的制度安排，也是发展新质生产力的重要保障。

第五，数据产权的问题。数据要素作为数字经济的重要"燃料"，与土地、劳动力、资本等生产要素不同。数据是取之不尽、用之不竭的。原始数据是碎片化的，需要加工变成有用的数据。数据产生数据。数据可以多次转让和买卖。数据在利用过程中产生价值与产权。数据作为一种经济要素，有其特定的本质和特性。数据交易中的产权和价值界定有其特定的内涵。数据产权归属是数据产业发展需要解决的基本问题，它决定着如何在不同主体间分配数据价值、义务和责任。与土地、劳动力、资本、技术等生产要素不同的是，数据的产权问题仍未解决。土地、资本或劳动力等要素具有专属性，但数据很复杂，目前在确权方面缺乏实际的标准规则，迫切需要对数据涉及的管辖权、交易监管权、所有权、使用权等基本权利进行制度规范，这是数字经济作为新质生产力创新发展、健康发展、安全发展的基础。

第六，增强对老百姓教育、文化、生活方面的投入。原来的发展比较重视物质，往往对人的发展有所忽视。现在发展新质生产力，更要重视劳动者创新力、劳动者文化、劳动者素质的提升，这里面很重要的是在宏观分配上增加对劳动者可支配收入的分配比重。当前，我国经济发展在供给和需求两侧都面临与"人"有关的突出问题：在供给侧，劳动力供给结构发生趋势性反转，人口进入负增长和深度老龄化的新阶段；在需求侧，存在最终消费占GDP的比重偏低和居民收入在国民收入分配中的份额较低，即"双低"问题。如不干预，这两方面互相作用，会驱动经济发展进入逐步降级的"失速"陷阱。要着力在人口红利逐步消失的同时，通过深化改革、强化创新，培育和释放我国规模庞大的人力资源红利；同时，要通过收入分配改革，提高劳动报酬份额，增加消费占比，缩小收入差距，增强经济循环的内生动力。

总之，过去40年来我国劳动者的可支配收入只占GDP的40%左右。在今后十几年要着力增加对人的投入，把40%变成50%，甚至到55%，我国120多万亿元的GDP增加10%就是12万亿元，如果到2035年有250万亿元的GDP，增加10%，就是25万亿元现金进入老百姓口袋，既提高了老百姓的消费能力，生活更美好，同时也会增加内循环的拉动力，对老百姓的生活水准和教育文化等各种素质的提升都有好处。劳动者文化素养提高了，就有了更多更好的发展新质生产力的人才基础和人力支撑。

第七，提高全社会对创新者的容纳度。发展新质生产力、打造独角兽企业，会出现一些非常厉害的创新创业者，这种创新创业者是新质生产力资源优化配置、要素优化配置、企业管理方法优化配置的特殊人才,生产的各个环节经过他们的优化配置后会产生特殊创新。对于具备新质生产力特点的创新创造类企业家,除了一般意义上的重视、尊重、保护,还要给予更多的人文制度方面的关怀,这里边也有文章可做,需要良好的制度管理。

总之,发展新质生产力,就是要在五大板块的产业上发力,要在五个层次上进行颠覆性创新,要培育和壮大生产性服务业,要着力提高全要素生产率,要加快产业互联网对传统产业和实体经济的赋能,要提供有利于创新发展的制度保障。只有各方面综合发力,形成体系推进,新质生产力才能快速形成,推动我国经济社会持续健康发展和高质量发展,从而为提升国家总体竞争实力、促进社会进步和改善民生提供坚强有力的生产力支撑。

不转型,死路一条

龙永图

中国入世首席谈判代表,博鳌亚洲论坛原秘书长

当下,在日趋激烈的国际竞争下,美国、欧洲、中国都十分看重制造业。美国希望制造业回归,再造制造业强国。

中国制造业的转型升级也势在必行。可如何转,才能应对全球冲击和变革?

为什么制造业如此重要?

党的十八大以后,中央特别强调支持实体经济。那在中国经济中起基础性作用的实体经济和实体制造业,为什么对我们这么重要?

首先,中国制造业创造了大量的就业岗位,是为中国创造就业岗位最重要的行业。就业解决了国家才能稳定,国家稳定经济才能发展,所以制造业功不可没。

其次,制造业的产业链非常长,一个大的制造业可以把整个国家的东、西、南、北、中全部连接在一起,形成国内大循环的一个重要支柱。所以在整个中国经济发展中,制造业起到了非常重要的基础性作用。

最后，中国制造业对中国对外开放、对外经济贸易合作也起了很大作用，因为我们正是靠制造业的产业链和全球产业链连接在一起的。

现在西方国家想跟我们脱钩为什么脱不了，就是因为成千上万的制造企业把世界上的所有国家，特别是西方发达国家紧紧联系在一起，形成了一种"你中有我，我中有你"的局面。

制造业的对外开放不仅仅是出口一点东西、进口一点东西，实际上是把中国和世界的经济利益紧紧联系在一起，对中国的长远发展和经济安全都很重要。可以说，制造业是中国在世界经济博弈中最强的一块。

中国制造业的总量已经多年稳占全球制造业总量的 30% 以上，比第二到第八位的国家制造业总量加起来还多，我们有压倒性的优势，能够起领头羊的作用，也是中国对外开放的底气所在，所以我们要把制造业做好。

其实世界上的经验告诉我们，一个国家只要制造业强，这个国家就会强，制造业兴国家就会兴。

1990 年代，巴西是整个南美经济最强的国家，主要是制造业强，后来巴西政府调整政策，放弃了把制造业作为经济发展方向的重大战略，后来巴西经济就一直垮下去。

2008 年全球金融危机的时候，很多发达国家都受到了冲击，当时英国首相戈登·布朗问德国总理默克尔，为什么德国经济没有受到大的冲击，她说至少我们还在制造一点东西。因为德国长期以制造业为本发展自己的经济，所以在全球金融危机席卷整个欧洲的时候德国的经济表现最好。

现在全球各个国家都看到了制造业的重要性，包括美国，特朗普首当美国总统后提出了制造业回归问题,后来拜登上台在制造业回归问题上也继承了特朗普的路线。因为美国人在金融危机以后看到,不搞制造业,整个经济就垮了。

不转型,死路一条

中国制造业很发达,但是现在面临国内外形势的重大变化,我们的制造业也面临一系列重大挑战,这时候不转型就没有出路。

从国内的形势来看,过去经济很长时间保持着两位数的增长,但是任何一个国家这样高的经济增长速度都是不可能持续的,所以中国的经济现在开始回调,到 4%~5% 的增长常态。

在这样的情况下,中央及时提出了高质量发展的论题,整个中国经济开始从高速增长向高质量发展转变。

什么是高质量发展?我认为有两个重要标准。

首先,经济发展以后,老百姓是不是得到了实惠,地区差距、贫富差距是不是减少了,也就是我们经常讲的以人民为中心的发展目标,是不是仍贯彻在经济发展当中。

其次,在整个发展过程中能不能体现新的发展理念,强调创新、协调、绿色、开放、共享等发展理念。

高质量发展的要求确实对制造业发展施加了很大的压力。过去老百姓比较穷的时候,主要目的就是解决温饱问题,对制造业产品要求也很低。现在已经进入小康时代,人民对生活质量要求发生了很大变化,从过去温饱型到现在的享受型、体验型、康养型,提出了更高要求,老百姓希望天更蓝、水更净。

2010 年代北京曾经历过连续 20 多天严重雾霾的困难时刻,很多人都记忆犹新,当时环境保护部的领导讲了这么一句话,如果每个人开着宝马、奔驰,但是连一口新鲜的空气都呼吸不到,那经济发展还有什么意义?

所以高质量发展对制造业提出了新的要求,必须生产更高质量的产品,在更多广泛的层面上满足多样化需求,这正是中国经济发展的核心问题。

在这样的形势下,我们的制造业确实面临着很大的挑战,出现了很多新的问题,比如人口老龄化严重、工厂用工困难等。再加上人们对环保的要求越来越高,过去一些污染严重的企业必须淘汰,所以整个制造业面临一种全新的局面,就是必须转型,不转型就是死路一条。

国际上也是这样。过去四十几年中国经济高速发展,现在已成为世界第二大经济体。中国的崛起对全球的格局产生了重大影响,改变了全球力量对比,迫使美国的国际战略特别是对华战略做出重大调整,使中国在整个国际经贸环境中的形势变得更加严峻、更加复杂。

最近这几年,美国对中兴、华为这些企业不断实行打压,还有芯片大战,我们面临的国际形势逼着我们必须走创新道路,走自力更生的道路。

当然并不是说整个国际形势严峻到无法生存的地步,现在我们对很多发展中国家开拓新的对外开放领域,通过"一带一路"、中非合作论坛拓宽了对外开放路径。西方不亮东方亮,中国对外开放的重点也在转移。

虽然各国在很多问题上有矛盾和分歧,但在气候变暖、绿色转型问题上有着很多政治共识,这样就给很多产业的发展和国际合作提供了机会。

总之我想强调一点，国内外形势的发展和变化确实给制造业转型带来了很大的压力，在某种意义上中国制造业转型已经势在必行。

出路在哪里？

在当前形势下，中国制造业的出路在哪里？怎么转型？

我认为有两条很重要。第一条就是用人工智能、大数据这样的数字技术来改造传统制造业，使制造业转型升级。很有意思的是，很多产品一旦同数字技术相结合，就产生了戏剧性的变化。我到浙江调研的时候，有一些工厂用数字技术就摆脱了大批量、低质量、对外倾销化的状态，变成个性化、小批量、高质量的出口。

近年来由于我们受到国外绿色发展的压力，事关能源转型、绿色发展的一些产业，比如电动汽车、光伏产品、风电等发展很快。

比如汽车产业的转型，我们从新中国成立初期开始造汽车，一直到2000年每年才能生产200万辆汽车。后来加入世界贸易组织开放汽车市场以后，中国成为全球最大的汽车制造商，现在每年制造3 000万辆汽车，发展非常快。

刚开始开放汽车市场的时候，虽然汽车产业取得了很大变化，但是在传统能源汽车方面，我们和美国人、德国人、日本人合作，核心技术和零部件没有突破。直到数字技术、人工智能出现以后，中国汽车产业开始换道超车，电动汽车异军突起，一举成为全球最有竞争力的产业，占据全球60%的市场。

这说明在全球产业发展中，高科技、数字技术起着关键作用。如果没有数字技术、人工智能、大数据，中国的汽车产业可能还处在竞争劣势当中。

光伏产业也是这样。现在我们的光伏组件制造已经占领了全球80%的市场，太阳能、风能发电装机总容量也超过了40%，可以说是压倒性优势，这些优势就来自数字技术对传统制造业的改造。

所以实现制造业转型第一条就是以数字技术改造传统制造业，实现技术上的转型升级。

第二条是关于产业链。这些年由于全球化形成了全球竞争形势，市场竞争已经不是单纯企业间的竞争，而是产业链间的竞争。一个国家的产业链越完整，效率越高，这个国家的产品就越具有国际竞争力。

我举一个简单的例子，就是美国的波音飞机和欧洲的空客飞机，这是全球供应链的典型代表，它们的几十万个零部件由成千上万的供应商提供，最后分别到美国、法国组装。

所以波音和空客的飞机不是波音和空客这两家企业的竞争，而是两条飞机制造产业链的全球性竞争。

由此我们看到产业链的重要性，企业的发展不应该仅仅着眼于企业本身，还要着眼于企业所在的整个产业链上、中、下游的发展。

这就出现了一个新兴产业——生产性服务业，也就是为制造业产业链服务的巨大产业。一个典型的例子是电商平台，通过电子商务平台把产品销售出去。

最近20年发展比较快的是零售批发产业，1996年我国只有60个零售玩家，但是经过二十几年的发展，现在已经有1 000万个批发和零售法人单位[①]，其中大部分都在线上，所以电商平台改变了

---

① 我国批发和零售业法人单位数量已破千万[OL].[2024-09-11].https://www.gov.cn/lianbo/bumen/202409/content_6973853.htm.

制造业销售的一个大问题。

比如一站式采购平台 1688 能够为上百万家企业提供各种各样的生产性服务，而且整个线上有超过 6 500 万采购买家，的确是一件了不起的事情，说明中国的数字经济已经发展到相当高的地步。

如何推动制造业转型升级？

下面我想讲讲怎样以新质生产力推动制造业转型升级。新质生产力的特点是创新，实质就是先进生产力。

如何运用创新思维，我想提几条建议。

一是用创新思维加强一、二、三产业之间的融合。

当代经济发展的一个重大变化就是一、二、三产业之间的界限逐渐模糊，而且第三产业中有很多细分行业，细分行业也开始整合。

现在比较成功的是旅游行业，旅游和文化紧密融合在一起，以至我们的国家旅游局和文化部合并在一起成了文化和旅游部。旅游和体育也紧密联系在一起，村超就是在村里面踢足球。还有贵州的茅台酒也开始搞酒旅合作，建酒庄，建星级饭店，搞茅台体验店，使卖酒变成卖生活方式。

所以跨境电商、生产性服务业这样的平台，能够推动一、二、三产业融合，推动各种细分产业融合，大有可为。

二是推动有条件的制造业企业转型为"制造业＋数字经济"的市场主体。

市场主体越多，市场经济越发达。为什么中国入世以后，给外贸行业带来一个大的发展，就是因为中国加入世贸组织的时候改革了外贸经营权，外贸从过去由几百家国际贸易公司垄断，变成上万家、十几万家、几十万家外贸企业百舸争流的局面，它们都是外贸行业的市场主体。

增强市场主体、强化市场主体深入发展是经济发展非常重要的一方面，希望更多有条件的制造企业和数字经济市场主体能结合在一起。

三是打造一批各个行业具有影响力的电商平台，将产业集群。

比如说服装纺织、家用电器、汽车零部件、化妆品、电气、农产品加工等行业产业集群数字化，上平台，使得每一个产业带都用数字经济武装起来，都有一个带头的数字化企业成为龙头，这样就能推动整个电商产业的发展。

四是加强数字产业链全产业链合作，既需要整合上、中、下游企业之间的合作，还需要整合产学研方面的合作。

五是加强电商平台自身的服务体系。

电商平台自己有个提高的过程，数字化生产性服务业平台也要加强自身建设，包括平台建设、平台融资、市场、税务、法律服务等，都要加强，让平台更加高效，提供更多样化的服务。

六是加强政府的监管和服务力度。

政府不仅要监管，也要服务，要确保大平台里不同企业在技术服务和交流过程中保护好知识产权，保护好企业的核心技术、商标，等等。

七是加强内外一体化，推动跨境电商和国内电商平台的一体化建设。

现在国内生产性服务业要进一步延伸到跨境电商的领域当中，实现对外贸的整合。跨境电商这些年来在推动中国制造业发展方面确实发挥了独特作用，推动了中国制造业品牌出海。

很多制造业企业在国外没有平台，现在通过跨境电商直接和消费者接触，让消费者熟悉中国的制成品，使中国制造长期拥有自主品牌。

另外，在当前贸易保护主义盛行的情况下，跨境电商是对抗贸易保护非常有力的武器。

我听有人讲，欧洲一个国家政府直接干预市场，要求自己的企业减少对中国某些产品的采购。我们的跨境电商通过海外交易，在海外建立起销售渠道，产品直接绕过中间商送到消费者手中，打破了国际贸易保护主义壁垒。

现在国内制造业产能过剩，但是全球产能不足，比如光伏、风力、电动汽车，在国内出现了过剩的局面，但拿到全球市场根本不过剩，所以一定要把国内电商平台和国外的跨境电商平台连接起来，解决国内市场消费问题，打破国际上对于中国的贸易保护主义。

当前整个国际经济形势还是很严峻、很复杂的，中国经济下行压力很大，我们要通过制造业，通过实体经济的转型推动经济发展。

新质生产力的典型代表：低空经济产业链

朱克力

国研新经济研究院创始院长，中国（成都）低空经济研究院院长

2024年4月7日，中国民用航空中南地区管理局向总部位于广州的亿航智能控股有限公司颁发无人驾驶载人航空器生产许可证，这也是全球电动垂直起降飞行器（eVTOL）行业内首张生产许可证，各路媒体纷纷表示"广州在全球率先进入无人驾驶载人飞行时代"。而在稍早的2月27日，同样在广东，eVTOL"盛世龙"从深圳蛇口邮轮母港起飞，20分钟后抵达珠海九洲港码头，而这段距离地面车程一般需要2.5~3小时。3月8日，广州天德广场一架无人驾驶飞行汽车以自动驾驶模式拔地而起，飞向广州塔，掠过广东省博物馆、花城广场、海心沙亚运公园等地标性景观……

2024年或将成为人类低空经济元年。其实，我国低空经济的引爆点可以回溯到2023年12月29日。那一天，全国首个获得民航局适航审定受理批复的有人驾驶载人AE200电动垂直起降飞行器在沃飞长空汉源综合试飞验证基地首次试飞成功。这不仅标志着"成都造"飞行汽车取得了里程碑式的重大突破，也因其可搭载5人的标准座舱和近300千米的最大航程，让eVTOL成为城际飞行最理想的解决方案之一。

产业蓝海：应运而生，顺势而为

在人类经济发展和生活体验"敏捷至上"的今天，先进空中交通（AAM）正迅速重塑传统航空产业格局，重新定义人类"从A点到B点"的通达方式。

应运而生、顺势而为的低空经济，正以其技术多元、要素集中、服务泛在、场景复杂的特征，迅速成为战略性新兴产业，是新质生产力的富集场域。这几乎是将人类现有二维交通系统全部要素复制一套到低空，形成交错穿插的三维通行场景，相关制造业、服务业均形成巨大的低空场域增量，叠加数字技术、人工智能，未来城市的科幻感走进现实，必将构成人类经济发展征途中又一片浩瀚的产业蓝海。

低空经济的主要内涵包括低空基础设施建设、低空航空器制造（飞行器制造）、低空运营服务和低空飞行保障等。低空经济的产业分类，不同的视角有不同的范围界定。

从产品类型看，可分为各种无人机、轻型飞机、直升机、eVTOL等航空器类产品，这是低空经济的核心组成部分；然后是发动机、螺旋桨、电池、传感器等航空配件与设备，这是保障航空器正常运行的核心部件；此外是围绕低空飞行的服务和保障类产品，包括飞行培训、航空器维修与保养、航空气象服务、航空通信导航等。

从应用场景看，可分为应用于日常生活的民用低空经济，包含航拍、旅游观光、空中交通等；应用于生产领域的工业低空经济，包含农业植保、电力巡线、环境监测等；应用于安全领域的军事与公共安全低空经济，包含侦察、目标打击、救援等。

从产业结构看，一是航空器的研发与制造，涵盖航空器设计、研发、制造、销售等多个环节；二是航空器运营与服务，涵盖航空器租赁、销售、维护、保养等服务；三是低空基础设施与服务平台，涵盖机场、起降点、空管系统等硬件设施和飞行计划制订、航空气象服务、航空通信导航等软件平台。

从技术创新水平看，可分为有人驾驶飞机、直升机等传统型低空经济，无人机技术、人工智能、大数据等创新型低空经济；从发展阶段看，可分为初级低空经济、中级低空经济和高级低空经济等。

无论从哪种视角分类，产业链内在联系的结构属性和价值属性大致可以从飞行空间服务、飞行器制造两条主线形成上下游对接机制，以"无形的手"推动低空经济关联主体实现产品服务、信息反馈等价值交换。

飞行空间服务自上而下由飞行空间基础设施建设、通航服务和应用场景构成产业链条，飞行器制造自上而下由原材料和零部件、装备制造及应用场景构成又一产业链条，两条链条功能互补互嵌、相辅相成，共同构成低空经济产业链。

基础层：低空经济产业链上游

低空经济产业链主要由飞行空间和飞行器两条纵线贯通，因此产业链上游主要由低空新型基础设施建设端和飞行器零部件制造端构成，这是整个产业链的基础建设层，前者是飞行空间的物理支撑，后者是飞行器的基本构成。

低空新型基础设施建设端是低空经济的硬件基础，主要包括地面物理类基础设施建设和地面信息类管理保障软件系统建设。地面物理类基础设施是各类低空经济活动的关键载体,形成低空经济"设施网"。当下地面基础设施主要包括通用机场和地面通信系统。通用机场有低空飞行起降站、能源站、紧急备降、停机设施等基础功能设施。

目前,我国低空基础设施领域企业有航新航空、海格通信、航天宏图、深城交等。机场设备制造领域企业有威海广泰、中集集团、广电运通等。机场建设领域企业有中国民航、中化岩土、西北民航、上海城建、北京金港、苏中江都、中铁航空港、安徽民航等。

地面通信系统是低空飞行活动完成信息交互的支撑系统,包括低空雷达、卫星通信系统和 5G 网络等低空网络设施、低空数据设施和低空监管设施,形成低空飞行"空联网",是低空经济的通信感知系统。雷达领域企业有纳睿雷达、四创电子、航天南湖、国睿科技等。通信 5G-A 通感一体领域企业有中兴通讯、通宇通讯、盛路通信、灿勤科技、武汉凡谷等。

飞行器零部件制造端包括关键材料、元器件、动力系统、机载系统、飞控系统和抗干扰系统等。其中,航空发动机是航空器的"心脏",为航空器稳定飞行提供动力支撑,该领域企业有航发动力、宗申动力、应流股份、卧龙电气等。

航电系统是航空器的"大脑",目前电驱、电机、电控领域企业有卧龙电驱、蓝海华腾等。电池企业有宁德时代、国轩高科、孚能科技等,其中宁德时代是全球领先的动力电池供应商,市占率全球第一。

芯片在航电系统发挥重要作用,负责接收和处理各种信号,指挥航空器完成各种动作。目前我国飞控芯片还高度依赖国外进口,以英特尔、高通、意法半导体等公司为主，国内瑞芯微、联芯等企业已投身飞控芯片研发。飞控系统领域企业有翔仪恒昌、边界智控、零度智控等。

航空电子设备与传感器是航空器的感知器官，决定航空器准确感知外部环境并做出反应的敏捷度和准确度。企业有芯动联科、星网宇达、中航机载、陕西航晶、航天惯性、开拓精密等。

原材料是航空器的"骨骼"和"皮肤"，金属原材料为航空器提供坚固的结构基础，特种橡胶与高分子材料为航空器提供必要的密封、减震和隔热功能。碳纤维复合材料领域企业有中复神鹰、吉林化纤、中简科技、光威复材等，钛合金领域企业有宝钛股份、西部超导等，复合材料领域企业有中航高科、广联航空、安泰科技等。

此外，元器件领域企业有中航光电、全信股份、贵州航天等；模具、零部件领域企业有西安铂力特、成都爱乐达、青岛麒麟轮胎、长源东谷、金盾风机、中航机载、双一科技、广联航空等。

建造层：低空经济产业链中游

低空经济产业链中游对应上游的飞行空间和飞行器零部件，也分为飞行保障系统建设和飞行器整机制造，是整个产业链的核心建造层。前者包括地面保障、空中保障、适航审定和检验检测等低空保障系统建设，后者包括无人机、直升机、eVTOL 等低空飞行器整机制造。

低空保障系统是低空经济产业链中游的另一个重要环节，主要是基于地面信息类管理保障软件系统和机场管理系统在内的 SILAS（smart integrated lower airspace system，智能融合低空系统），支撑低空飞行活动实现数实融合、智慧调度。

SILAS将面向多构型飞行器大规模飞行,将低空空域整体转变为可计算的数字化空间,创新时空资源联合管理调度模式,提高空域使用效率和安全性。具体功能包括飞行器的航线管理、导航服务、塔台调度、空域监视、环境监测、空域气象等。

地面信息类管理保障软件系统是低空保障的重要环节,是实现人机、机机连接协同的"神经中枢",主要包括空域管理系统和机场管理系统,构成低空飞行管理保障体系。

空域管理系统用于管理空中交通运输的信息处理,形成低空飞行"航路网",支撑空中交通流量、容量管理和空中交通服务。低空空管领域企业有莱斯信息、新晨科技、四川九洲、北京声迅、川大智胜等,其中莱斯信息已获得低空飞行服务平台相关订单。北斗/导航领域企业有中科星图、海格通信、北斗星通、航天宏图、司南导航、北方导航、星网宇达等。低空规划领域企业有深城交、苏交科等。

机场管理系统致力于航班保障、旅客服务与机场运营管理,形成低空经济服务网,包括航班计划制订、航班动态管理、资源管理、航班保障与进程监管等功能。目前,我国航空机场运营领域企业有首都机场、白云机场等各地机场,国航、东航、川航等各大航空公司,以及中信海洋、华夏通用航空等。地面保障领域企业有威海广泰、超图软件等。检测检验领域企业有广电计量、谱尼测试、苏试实验等。

低空飞行器整机制造是低空经济产业链中游的重要环节之一,融合了飞机制造+汽车制造,是"插上翅膀的新能源汽车"。在智驾趋势下,低空制造具有强烈的智能终端属性,整个环节涵盖低空飞行器的设计、研发、生产等全过程。

在 eVTOL 制造领域，沃飞长空获得全国首个民航局适航审定受理批复的有人驾驶载人 eVTOL；亿航智能则是国内首个纳斯达克上市无人机公司，旗舰产品 EH216-S 是全球首家"三证"（型号合格证、生产许可证和标准适航证）齐全的 eVTOL 型号制造商。

放眼国际，美国 Joby、Archer、Alef Aeronautics，德国 Lilium、Volocopter，英国 Vertical，巴西 Eve，斯洛伐克 Aero Mobil，荷兰 PAL-Liberty 等企业也呈风起云涌、推波助澜之势。

在无人机领域，中航（成都）无人机荣膺中国无人机市值第一股，翼龙系列无人机在全球察打一体无人机市场占有率达 18.13%，位居全球第二，成为"中国制造"的一张亮丽名片；航天彩虹的飞控系统在军用领域已经达到国际领先水平；大疆占据全球市场份额 70% 以上，是绝对的全球无人机王者；时代星光填补了我国"大型车载式智能无人机系统"技术空白；腾盾科创在固定翼与旋翼大型无人机方面处于国内领先水平。

应用层：低空经济产业链下游

低空经济产业链下游主要是飞行器在飞行空间的应用和保障。下游是整个产业链的飞行应用层，包括各类飞行器保障服务以及各类低空飞行器应用场景。

低空服务包括航空维修、飞行培训、低空供能和航空租赁等领域。航空维修是低空经济的"医疗系统"，负责各类飞行器维护、保养、修理等，该领域企业有四川海特、北京安达维尔、西安鹰之航等。飞行培训是推动低空经济向大众普及的重要环节，该领域企业有海特高新、咸亨国际、珠海中航、北方天途等。

低空供能是飞行器的"餐厅"和能量补给站。航空燃油领域企业有中国石化、中国石油、中国海油等，高压快充领域企业有特来电、星星快充、云快充、国家电网、星逻智能、蓝海华腾、汉宇集团等，其中星逻智能围绕无人机自主充电，研发推出无人机充电机库，兼容多款行业机型。

此外，飞行器租赁、托管、保险等航空租赁服务是低空经济的"服务员"，其配套质量直接影响低空消费者的体验感和获得感，该领域企业有工银金融租赁、中银租赁等。

低空飞行器应用场景按照飞行器的使用场域大致可分为生产作业类、公共服务类、低空消费类。

生产作业类低空经济应用场景，主要是为工农林牧渔等行业提供各种专业飞行作业活动。例如，国家电网使用无人机参与风力发电检测，对风力发电场的叶片和机舱进行定期检查。南方电网使用无人机进行输电线路和变电站巡检。中国石油使用无人机进行石油勘探。中铁二十一局使用无人机进行建筑测量和设计。无人机进行高层建筑外墙清洗效果也很好。

在自然保护区可使用无人机进行野生动物监测和研究。南京大学研究团队使用无人机进行环境监测，对大气细颗粒物进行监测和采样。农业植保无人机领域企业有智飞农业、极飞科技、汉和航空、大疆等，其中极飞科技被称为农业无人机第一股。航空测绘无人机领域企业有哈瓦国际、亿航智能、极飞、大疆等。工业级航拍无人机企业有大疆、中兴等。纵横股份则是国内首家以工业无人机为主营业务的企业。

公共服务类低空经济应用场景主要是为公共服务相关单位提

供各种专项服务性飞行活动，包括低空交通、低空物流、城市安防、医疗救护、应急救援、环保监测、通信中继等。如民航局使用无人机执行海上和山区搜救任务，测绘局使用无人机进行地籍测绘，森林防火部门使用无人机进行火情监测和烟雾探测，城市规划部门使用无人机进行城市规划和交通研究，电信运营商使用无人机进行移动网络覆盖测试，警察部门使用无人机进行大型活动的安保监控。

目前，低空物流领域企业有顺丰控股、深圳智莱、天鸿数科、山东新北洋、迅蚁网络等，美团正专研城市外卖配送无人机，小鹏汇天飞过广州"小蛮腰"的飞行汽车也备受期待。

低空巡检领域企业有复亚智能、保华润天。观典防务是国内领先的无人机禁毒服务商，国内城市消防无人机领军品牌有中岳航空（重庆）等。而哈瓦国际航空则致力于多领域特种装备无人机研发与制造，主营警用无人机、消防无人机、测绘无人机、安防无人机等各种机型。

低空消费类应用场景主要面向各类群体提供消费性飞行活动，包括低空旅游观光、低空极限运动、低空影视拍摄、低空编队表演等。

低空经济：新质革命与场景变革

作为一种新兴的综合性经济形态，低空经济以有人驾驶和无人驾驶航空器的各类低空飞行活动为牵引，辐射带动相关领域融合发展，为产业升级、社会进步和民生改善注入新活力。低空经济是一场新质革命与场景变革，具备五大显著特点。

创新引领。低空经济的创新引领特性主要体现在技术革新、应用场景和商业模式三个层面。在技术革新层面，低空经济依托航空技术、无人机技术、人工智能、大数据分析、5G通信等前沿科技持续创新和应用，不断推动航空器研发、飞行控制、信息传输等领域的突破。在应用场景层面，以低空飞行活动为核心，赋能农业、物流、应急救援、环境监测等行业，形成创新应用场景。在商业模式层面，引入新的生产要素与商业模式，促进传统产业转型升级。这一特性让低空经济在推动科技创新、产业升级和满足社会需求方面发挥日益重要的作用。

数实融合。低空经济的数实融合特性呈现于数字技术与实体经济深度融合的过程中。一方面，应用大数据、云计算、物联网等数字技术，实现对低空飞行活动实时监控、数据分析和智能决策，提高飞行安全性和效率。另一方面，通过数字技术将低空飞行活动与实体经济相结合，推动跨行业协同发展和价值链延伸。例如，在物流配送领域，运用无人机配送等方式实现快速、便捷的货物配送服务，提高物流效率和用户体验。这一特性使得低空经济在推动经济结构优化、促进区域经济发展方面具有积极作用。

高效便捷。低空经济的高效便捷特性源于其独特运行模式和先进技术支持。一方面，低空飞行活动通常发生在离地面较近的空中，可避免高空飞行的复杂气象条件并减少空中交通管制限制，能更快速到达目的地，提高运输效率。另一方面，先进的无人机技术和智能化飞行控制系统促进自动化、精准化飞行操作，减少人为因素干扰，提升飞行效率。此外，低空飞行器的灵活性和机动性使之能在复杂环境中自由穿梭，为各行各业提供便捷服务。这一特性使得低空经济在应急救援、物流配送、环境监测等领域优势显著，为现代社会高效运转提供有力支撑。

绿色低碳。低空经济的绿色低碳特性表现在环保、节能、减排、降耗等方面。首先，低空飞行器相较于传统交通工具，在能源消耗和排放方面具有明显优势，有助于减少碳排放和环境污染。其次，通过优化飞行路径、提高飞行效率等措施，可进一步降低能源消耗和排放。最后，低空经济发展促进了电动垂直起降航空器等新能源航空器的研发和应用，这些新能源航空器具有零排放、低噪声等特点，符合绿色低碳发展趋势。

产业协同。低空经济的产业协同特性重点反映在跨行业整合与资源共享方面。低空飞行技术创新促进了航空产业与其他行业深度融合。通过产业协同，低空经济助力各行各业提升效率，实现共赢。如在农业领域，无人机技术结合精准农业，提高农作物产量和质量。在物流行业，通过无人机配送缩短货物送达时间，优化物流体系。这种协同推动了技术创新和产业升级，不仅加速低空经济发展，也为相关产业带来前所未有的机遇，为整个经济体系注入新活力。

在因地制宜发展新质生产力的热潮中，多地密集出台促进低空经济的政策文件，抢占低空经济万亿级大赛道。从粤港澳大湾区到长三角，从京津冀到成渝地区，无不加快布局发展低空经济，目前已呈千帆竞渡、百舸争流之势。

三破三立：低空经济创新法则

在关注和讨论一种新经济形态时，我们可以运用"三破三立"新经济法则。这一法则基于笔者多年对新经济现象深入观察与长期思考提炼而来，意在为更好地理解和推动新经济发展提供通俗有力的理论支撑。对于低空经济，同样可以结合"三破三立"新经济法则形成行之有效的方法论。

重构介质先"破介"。随着低空经济新形态的出现，传统航空领域介质正在被新的技术和平台打破。无人机作为低空经济的重要载体，打破了传统航空器的限制，使低空飞行活动更加灵活多样。与此同时，随着5G、物联网等数字技术的发展，低空经济中的数据传输、信息交换等也呈现新的介质形态，进一步推动行业创新与发展。

重塑边界先"破界"。低空经济的崛起打破了传统航空领域的边界，将航空技术、信息技术、制造业等多个领域紧密融合。这种跨界融合不仅推动技术创新，也为低空经济发展提供了更广阔的市场空间。当前，无人机配送、低空旅游等新业态涌现，就是低空经济在跨界融合中产生的创新成果。

重建规则先"破诫"。低空经济作为新兴领域，其发展过程面临诸多来自规则和制度的挑战。为推动低空经济健康发展，需要不断打破陈规旧律，建立与之适配的新规则和新制度，塑造与新质生产力发展相适应的新型生产关系。不论是无人机管理，还是空域划分等方面，都需要制定更加合理、科学的规则和标准，以适应低空经济快速发展的需求。

战略创新需"立志"。在低空经济领域，立志推动行业创新和发展至关重要。这需要明确行业发展的目标和方向，制订切实可行的战略规划。比如，在无人机技术研发、空域资源利用等方面，需要立志突破技术瓶颈、优化资源配置，推动低空经济高质量发展。

战术创新需"立智"。在低空经济的战术层面，需要依靠智慧团队、智能技术、智库力量，发挥和提升创新能力以推动行业发展。通过引入新技术、新模式、新业态等创新元素，提升低空经济竞争力和影响力。例如在无人机配送领域，可通过引入人工智能、大数据等先进技术提升配送效率和服务质量；在低空旅游领域，可开发新的旅游产品和旅游线路吸引更多消费者参与。

制度创新需"立制"。在任何一个领域，制度创新都是保障行业持续稳健发展的关键因素。这需要一边开展先行先试探索，一边建立健全法律法规体系、监管机制和标准体系。比如，在无人机管理领域，应制定完善的法律法规和管理制度来规范无人机使用和管理；在空域资源利用方面，需要建立科学的空域划分和管理制度来优化资源配置。

以上只是"三破三立"在低空经济领域的初步运用。事实上，低空经济的进一步发展，离不开更多共识支撑和实践探索。唯有不断打破传统束缚，建立新的规则和机制，持续推动行业创新发展，方可让低空经济真正放飞翱翔。

中国企业"卷"的背后暗藏经济增长的秘密

曹远征

中银国际研究有限公司董事长

中国经济存在产能过剩吗？

从经济学角度看待产能过剩，是市场经济的自然结果。市场经济是通过产能过剩来淘汰落后产能，实现技术进步和产业升级的。中国在落后产能上是存在产能过剩的，但是国外现在讨论中国产能过剩问题却更多是指新能源汽车等新兴产业。这些产业是代表技术进步的先进产能，如果说先进产能也是产能过剩，这听起来让人匪夷所思。

究竟什么是产能过剩？

事实上，过去国外也不是这样理解新能源的。欧盟早已决定要在2035年停售燃油车。于是，一方面要求自己的产业为淘汰燃油车做准备，另一方面又指责中国新能源汽车的发展是产能过剩，这两者显然是矛盾的。

对欧洲来说，新能源车的发展是减排成本高昂下的附带产物，从而发展缓慢。但中国却是用鼓励的办法把新能源汽车发展成为一项产业，减排反而成为新能源发展的附带产物。由此，其发展速度如此之快、规模如此之大，造成对其他国家汽车工业的强烈冲击，像是形成了一种"不公平竞争"，这就是国外所说的中国的"产能过剩"。

由上不难看出，对于产能过剩这个问题，中外看法的角度不同，差异很大。我们是从产业发展方面的"新与旧""保留还是淘汰"的角度来判断，美西方国家则是从"国际产业的冲击力"角度来解读，这样一来，即使先进的产能也会变成"过剩"。这种理解的分歧颇似20世纪初汽车刚刚出现时的情况，当汽车与马车并行于大街上时，也有人指责简陋的汽车冲击豪华的马车。

问题的深刻性还不仅在于此。当把新能源汽车发展纳入全球低碳发展的大系统中观察，一个疑惑油然而生：减排究竟是经济发展的成本还是经济发展的红利？

回顾15年前，2009年在哥本哈根召开的联合国气候变化大会上，全球形成一项共识，即当全球气温上升2摄氏度，会给环境带来不可逆转的损害，因此要把升温幅度控制在2摄氏度以内，进而要建立碳减排的全球责任。对于这一责任，所有国家虽没有太大的疑义，但由于减排投入巨大，会加大经济发展的成本，所以发展中国家认为减排在成为各国共同责任的同时也应区别对待。对发展中国家而言，经济发展更为重要，应当采用累计排放的标准，而非总量排放的标准进行减排。

如今，15年过去了，当世界还在争论碳减排成本时，中国绿色发展却成果显著，尤其以新能源汽车为代表的"新三样"异军突起，似乎将公认的减排成本变成了绿色发展的红利，形成了中国减排之谜。

把发展的成本变成发展的红利，是中国的创新，也是中国新质生产力的谜底。

中国企业"卷"的背后暗藏经济增长的秘密

中国老百姓常说中国的企业很卷。那么，为什么卷、怎么卷？这是理解中国经济增长的一个秘密。

如前所述，如果把中国的创新概括为把发展的成本变成发展的红利，可以发现，其基本逻辑就是利用并拓展中国的超大规模性，使其像"滚雪球"一样持续扩大，通过规模效益而使成本不断下降。这种超大规模性不仅是自然禀赋的体现，更重要的是有意识的产业组织，通过有效市场和有为政府的结合，将自然禀赋的超大规模性整合为经济活动意义上的规模效益。这特别突出地体现在现在中国企业的发展战略考虑及产业成长的组织策略的实施上。

"不断做大"的中国企业经营理念

从国际视野观察，可以看到中外企业的系统性差异。一般而言，企业都以利润最大化作为经营目标，而中国企业的普遍做法却是规模最大化。这不仅体现为薄利多销的经营理念，从而形成营业收入大而利润率低的经营特点，而且也体现为高杠杆经营方式。中国企业，无论国有还是民营，负债率普遍偏高。这种高负债经营的关键是维持现金流，尤其是内部现金流为正，从而有别于国外企业负债率较低而利润率较高的经营特点。

中外企业的这种区别不仅体现在传统产业上，也反映在新兴产业上，例如，在新能源汽车上可以看到比亚迪与特斯拉的区别，在手机上可以看到小米和苹果的区别，在电商上可以看到京东和亚马逊的区别。这种营业收入最大化、以规模取胜的策略成为中国企业的经营之道，无论传统产业还是新兴产业，似无例外，形成了社会俗称的中国企业的"内卷"。

与收入增长最快的市场群体一起成长的产品导入策略

中国企业负债率很高，不断引发人们关于快速去杠杆的担忧。但是，迄今为止尚未形成系统性金融风险，引发金融危机，一个重要的原因是在微观层面上中国企业产品市场导入路线有别于其他国家。中国经济的超大规模性使市场可以分层，与收入增长最快的市场群体一起成长的产品导入路线可以保证企业现金流的持续为正并稳定增长，进而维持杠杆的可持续。其中，先是以农用车、后是以新能源车为代表的中国特色的汽车工业发展路线就是典型。

1990 年代，中国汽车工业，尤其是乘用车进入发展时期，其布局是按照汽车工业主流思维展开的："三大三小"，并以合资为主。除此之外，地方不得发展汽车工业，以避免重复建设、产能过剩。在这一汽车工业产业政策有力执行的同时，人们发现农用车却很难管住，还是遍地开花。当时，我在国家经济体制改革委员会研究所工作，曾对这一现象组织过调研。通过调研，我们看到了中国的农用车特有的市场进入路线。这一路线虽非主流，却构成了今天新能源汽车发展的底层逻辑。

农用车发展的主体企业是分布于中国广大乡镇的农机修造厂，其发展的基础是 1970 年代开始的大规模进入中国农村的手扶拖拉机。手扶拖拉机可以耕地、抽水，还可以跑运输，并且操作简单，很容易上手，十分受农民欢迎。随着农民收入的增长，农户对手扶拖拉机的功能也不断有了新要求。比如，手扶拖拉机挂拖斗跑运输容易翻车，农民愿意付点钱，把手扶拖拉机和车斗焊接在一起，以便安全驾驶；随着收入进一步增长，为避免风吹日晒，农民愿意出钱给驾驶座搭上棚子；再随着收入的增长，为了提高载货量，拉更多的货物，农民愿意出钱加大车厢，换发动机，从而变成柴油汽车，由三轮变为四轮，由小路上大道。农机厂随着农民收入的增长而不断地成长，由修理变制造，由小厂变企业，由地方走向全国，北汽福田就是最典型的例子。

中国的电动新能源车的发展是同一逻辑的再现。回顾其发展历程可以看到，它与中国扩大内需的战略安排息息相关。2010年，中国开始了第十二个五年规划，提出要加快居民收入增长，做到两个提高和两个同步，即提高劳动报酬在初次分配中的比重，使其与劳动生产率提高同步；提高居民收入在整个国民收入分配中的比重，使其与GDP的增长同步。由此在2010—2020年这十年间，中国GDP翻了一番，中国居民收入翻了一番，中国全面建成小康社会。其中刚刚过了温饱线，进入中等收入阶层的这群人是收入增长最快的。对他们而言，有车有房是标配，在家庭预算有限的情况下，价格低廉的新能源车应运而生，为其提供了物美价廉的新选择。

中国的新能源汽车有的售价可低至几万元，这与以特斯拉为代表的高端新能源车市场进入路线截然不同。特斯拉的目标市场是高收入群体，而中国新能源汽车的目标市场是收入增长最快的中等收入群体，并伴随着这一市场的增长而发展。其实即使中国新能源车不出现，燃油车也会走上这条市场进入路线。我们看到，在燃油车市场，过去十年销售最好的SUV（运动型多功能汽车）的十大品牌中，有八个是名不见经传的中国品牌，如风神、哈弗、宝骏等。这些廉价 SUV 的目标客户也是刚刚实现小康的中等收入阶层，走的也是与收入增长最快群体一起成长的市场进入路线。

将基础设施的外部性内部化

中国新能源汽车的发展与中国基础设施的完善性高度相关，"村村通公路"使新能源汽车可以跑进农村，"村村通电"使新能源不担心动力问题，而"村村通信号"使包括北斗导航、GPS（全球定位系统）在内的电子系统使用无障碍。

在这个意义上，新能源汽车与其说是汽车，不如说是装着轮子的电池，因高度依赖于基础设施，从而可被视为是基础设施系统中的一个组件。正是在这个意义上，它把基础设施的外部性高度内部化了。事实上，从这个角度观察可以发现，不仅是新能源汽车，几乎规模不断做大的中国企业都与基础设施外部性内部化相关。

换言之，基础设施的超大规模与人口超大规模相结合，会使任何潜在收入的增长都会变成巨大规模的市场机会。我们看到，村村有自来水，使洗衣机可以普及；村村通光缆，使电视机可以普及。由于农村电网改造，不仅家电可以普及，而且像屋顶光伏发电这种未曾想到的技术也会落户农家。而光伏发电的大发展，带动了电价大幅下行，农户烧水、做饭、取暖都可以用电来完成，河南兰考县就是典型。显然，当把握这一市场机会，将基础设施的外部性内部化，使其成为企业发展的条件时，企业不仅可以迅速成长变大，而且可凭规模效应尽快实现盈利。

综上所述，"不断做大"的企业经营理念，与收入增长最快的市场群体一起成长的市场进入路线，以及将基础设施外部性内部化的发展策略，三方面相结合产生的一个结果是：在微观层面呈现为企业做大，在宏观层面呈现为市场成长，两者相得益彰，使中国经济的规模像滚雪球一样持续扩大。这种超大规模性既是企业发展的过程，也是市场组织的过程，还是产业成长的过程，构成中国经济创新的底层逻辑。

新能源时代，超大规模性有了新变化

进入新能源时代后，超大规模性有了新变化。

在化石能源占主流的年代，因能源禀赋都是先天注定的，所以规模经济效益是有边界的，范围经济效益是有限的，由此决定了石油和煤矿的开采的边际成本是递增的。反映在煤电上，就是煤价引领电价，目前固定成本仅占其总成本的40%左右，而流动成本却占据更大比重，并有继续上升的趋势。然而，光电等新能源的技术经济特征则大为不同，在光伏发电中，固定成本占大头，在中国目前约为70%。由于阳光资源几乎是无偿的，所以流动成本所占比重甚低，并且仍在下降之中，从而在光电建设中呈现出边际成本递减的态势。边际成本递减意味着可以通过扩大规模，进一步摊薄固定成本，在提升利润的同时，电价也会不断降低，从而实现可持续的规模扩张，这就颠覆了以前化石能源的自然垄断性的技术经济特征。规模经济几乎可以无边界地扩展，这是中国新能源行业一跃而起的原因，也是中国将减排发展的成本变为发展红利的秘密所在。

我们看到，在中国出现了与这一超大规模性相关联的奇特产业现象。比如，青海省利用其光照时间长的优势，现在变成了光伏省。青海共和县塔拉滩是全球最大的光伏电站，占地面积600多平

方千米。过去一文不值的荒漠如今已变成了"金山银山",而且恢复了植被,改善了生态。

还需指出的是,风光电也重新定义着范围经济。塔拉滩光伏电站和黄河龙羊峡水电站互相配合、相互调节,白天用光发电,晚上用水发电。水光互补的电力生产方式改写了传统电网运行的概念,也将其他产业卷入其中并内生化了,从而形成了更高层次的超大规模性,展现为电网互济、源网荷储平衡发展,光储氢醇氨、光储充换算检云一体化的耦合新路径,并呈现出新的技术经济特征。

如果从内生化的角度看新能源汽车,如前所述,就是电池加四个轮子,不再是独立的产品,而是庞大新能源系统中的一个组件。再比如那些曾经被认为是高耗能的电解铝、铜等,现在可被视为是消纳的高载荷,甚至是一种储能安排。如果电解铝可以弹性化生产,还会发挥对电网调峰的作用,反过来看,这也改变着传统铝工业的技术经济特征,因为它已成为新能源庞大系统中的一个组件。以此类推,当人工智能受到电力的制约时,电力就是算力,算力因此也成为新兴能源的储能组件。相应地,新能源的扩张支持着电力的扩张,两者相辅相成,形成更大的超大规模性,成为一些落后省份走新型工业化道路的新契机。

由上,以新能源汽车为标志的新能源时代是带动了生产要素创新型配置和产业深度转型的时代,是产业走向超大规模的同时改变着其技术经济特性的时代。

中国一直用这种类似于"改造手扶拖拉机"的产业成长方式,在产品和技术不断创新的同时,呈现出规模效益不断增进、边际成本不断下降的态势。这种被我们称为"行业内卷"的产业塑造方式,就是美西方国家眼中的"产能过剩"。它与补贴无关,却与超大规模性有关。或许这就是新能源的时代特征，需要深化认识。

中国经济："追赶的经济体"还是"被追赶的经济体"？

进入 21 世纪以来，全球的全要素生产率均在下降，这意味着全球需要一场新的技术革命。但是当前，新的技术革命"只听楼梯响，不见人下来"，卡在间歇中。

回顾技术革命的历史，我们可以发现，技术革命最重要的特征之一，是物体物理移动的速度。

第一次技术革命发明了蒸汽机，火车诞生，火车比马车更快，从此诞生了机器大工业，进入了工业化社会；第二次技术革命，内燃机的出现，给人类带来了飞机，飞机比火车快，带来了精密制造，推动了重化工业的发展；第三次工业革命，聚焦半导体，关注通信技术，带来了信息传播速度的提升，制造业更加趋于精密，效率大幅度提升。

至此，制造技术已达速度极限，比如，高铁的速度可达 350 千米/小时，这也是飞机起飞的速度，在这样的速度下，高铁仍能保持卧地前行，可见其已达物理极限。那么，下一个速度是什么？

在我看来，下一个速度是脱离地球的速度——每秒 7.9 千米，即外层空间技术。它意味着核聚变新能源的到来，将给制造业带来革命性的变化。

只是技术突破的道路任重而道远。这意味着当前全球处在技术变革的空窗期，大家都很迷茫，容易发生很多矛盾和纠纷。比如，美国对中国的所谓"打压制裁""脱钩断链"。美国多位政客已明确表示，美国对中国的打击就是针对"中国制造 2025"的十个领域。

以前，在这十个领域，美国持续处在绝对的制高点，但是至今美国再无新的突破。美国担忧其他国家的追赶，尤其是中国。

但是，中国真的在追赶美国吗？某种意义上来说，中国已经换了赛道。比如，把制造业低碳化，将燃油车改成电动车，这样一来，即便没有真正的新的技术突破，我们也能在现有制造水平下转换一种生产方式，仍然能够提高全要素生产率。事实上，在"新三样"产业中，中国已经是全球领先。

如前所述，中国几乎所有产业都具有超大规模性，而任何产业都有减碳需要，任何一个减碳安排又都可能具有规模效应，这意味着可商业化。这是个巨大的市场，这个市场在中国不断扩大。下一步，中国或可将减碳市场向全球开放，将减碳的发展红利与全球共享。

从这个意义上来讲，假如世界人民还要坚持全球化，坚持人类是命运共同体的观念，认为气候变化是人类的共同灾难，那么全球化依然是可持续的。

通过这种方式，中国正努力化解纠纷，带领全球一起度过空窗期，共同迎接新的技术革命。这大概是中国经济在全球中的地位和作用的体现。

坚定发展资本市场信心，推动宏观经济与资本市场的良性互动

李稻葵

清华大学中国经济思想与实践研究院院长，清华大学社会科学学院教授

盯紧问题，让人民成为改革的最大受益者

当下经济运行有两个痛点必须解决。

第一，创新能力不够，往往会被"卡脖子"。可能在我们不知道的时候，国外突然出现新的科技突破，我们又被动地处于赶超状态。以人工智能为例，两三年前，ChatGPT横空出世，但这个技术并不新鲜。我们发展人工智能有十余年了，中国的高校在人工智能领域的科研水平绝对是领先的，至少是处于第一方阵的，包括相关论文数量、被引用量等。可是为什么国外突然出现了人工智能各种各样的应用，我们却略显被动呢？我们要赶超人工智能又碰到芯片问题，芯片又碰到了英伟达芯片被美国政府限供的问题。因此，创新不足是一个突出问题。二十届三中全会的《决定》反复强调科技创新，提出要构建支持全面创新的体制机制。由于《决定》篇幅有限，没有提到关于解决创新、卡脖子问题的很多内容，细节会在未来的贯彻落实过程中加码。创新能力和新质生产力不发展就没有国家安全，以后就如无源之水、无本之木。

第二，影响当前中国经济社会发展的一个突出问题是内需不足。内需不足导致中国经济在疫情之后的两年中一直憋着一口气。这口气没有喘顺，整个社会经济发展都显得信心不足。虽然在统计数据反映出来的指标中，2024年全年GDP同比增长5.0%，看上去还不错，但拨开这个统计数据，仔细研究国家统计局的各种数据，就会发现中国经济当前运行的热度的确不够。比如物价水平还在下降，（截至2024年11月底）连续25个月PPI是下行的，再比如一季度名义GDP增长率不到4%、二季度增长率4%，明显低于中国经济潜在的增长速度（5.6%~5.8%）。所以，整个经济的温度是不够的，解决这个问题的关键就是提振内需。地方政府的整体支出在萎缩，正常年份下地方政府可以通过财政税收和从金融部门融资来承担公共服务支出和投资，地方政府广义支出能够占到GDP的40%左右，而现在下降了将近4%，这也是导致经济过冷的一个重要原因。再继续探究这个问题，为什么地方政府全口径支出在下降？因为地方政府目前面临着巨大的化债压力，需要不断地开源，通过各种方式来征税，而在这个过程中出现了很多不合理的举措，例如将之前的优惠补贴收回，或者要求企业补交费用。地方政府在从企业拿到税收后首要的是还债，从而形成了地方财政收缩的趋势。这一收缩趋势反映了两个问题：一方面，整个经济的活跃度在下降，地方财政困难，企业业绩收缩；另一方面，银行及整个金融体系积累了大量现金，因为地方政府还债，银行和金融机构拿了这些钱之后短期也找不到去处。因此，目前整个经济都在收缩，这是影响当前中国经济运行的一个直接问题。如果这个问题不解决，长此以往会影响长期经济发展的潜在增长速度。这好比一个人感冒发烧是短期疾病，但要是不去治疗，感冒发烧可能就会引发慢性病，长期体弱无力。所以，二十届三中全会对这个问题看得很准。

《决定》还着重讲了宏观经济治理问题，专门谈了中央与地方的财政关系问题，特别强调中央多做一点、多花点钱，很多中央做的事情要中央自己花钱，不要中央请客、地方买单，适当加强中央事权，提高中央财政支出比例。这是很切实际的提法，也是解决当下内需不足问题的有效手段。

给老百姓改革的获得感

怎样给老百姓改革的获得感呢？《决定》花了很大篇幅讲健全保障和改善民生制度体系。比如，全面取消在就业地参保户籍限制，居民在哪里工作就在哪里参加社会保障；再比如，房地产方面要加快构建房地产发展新模式，要给予各城市政府房地产市场调控自主权，要允许有关城市取消或调减住房限购政策，而且还讲到要探索新的房地产开发融资方式。房地产市场目前的主要融资方式是预售，在这种方式下，一旦房子盖慢了就会导致不能按时交付。为什么要预售融资呢？因为资本市场对房地产企业融资很不友好，会计制度对于土地价格、对于还没有出售的房屋价格没法按市场定价。所以，房地产公司拿现金换土地，土地又不能严格按照市场价格算资产，它怎么融资上市呢？《决定》在民生方面还提出了很多，比如提出要建设生育友好型社会，要有效降低生育、养育、教育成本，要完善生育支持政策体系和激励体系。总之，我呼请全社会关注这个方面，为了在民生方面给老百姓带来改革的获得感，《决定》花了很多笔墨，也动了很多脑筋，就看下一步怎么落实了。

总的来说，学习贯彻《决定》，一定要抓住重点，重点就是要解决当下问题，要给老百姓获得感。

提升宏观经济运行温度，优化改革环境

我们改革搞了40多年，积累了丰富的经验，中国经济改革开放是赶上时代发展的一个重要法宝。那改革有什么样的基本经验呢？其中有一个经验非常重要，就是在宏观经济向好的时候搞改革最容易。经济偏冷的时候，经济没有达到潜在的GDP增速，此时搞改革是很难的。因为坦率地讲，很多改革是要动他人奶酪的，怎样让利益受害者对改革的阻碍最小呢？一定是要保持宏观经济的热度，宏观经济温度高了，馅饼变大了，落实改革的矛盾就会小很多。所以，为了贯彻落实好二十届三中全会的《决定》，一定要在短期内想方设法把宏观经济由偏冷的状况提升到一个比较温暖的状况，在这种情况下更容易贯彻落实《决定》精神。

怎样让宏观经济比较快地恢复应有的温度呢？我再次强调一项短期可以推行的改革。中央财政能不能出钱发放消费补贴券，比如5 000亿~10 000亿元，来支持民众消费的补贴政策？举例来说，居民想购买一个比较好的电器但承担不了5 000元的价格，国家出20%的补贴。当然这个补贴是有上限的，比如一个人最高补贴1 000元。通过发放消费补贴的办法提升整个社会的消费热情，在短期内助推一把，消费上来之后，产生连锁反应，生产也能跟上，税收也能跟上。根据上海2023年4月的经验，1元钱的消费补贴可带来4元钱的社会零售额上升。按1∶4的关系，如果中央财政拿出1万亿元的消费补贴，最后可能带来4万亿元的消费上升，这

4万亿元在总共50万亿元的消费大盘子中占比算是挺高的，消费上升以后马上带来经济回暖，税收就能上升，算起来中央财政其实并没有额外开支。所以，我们能否把这一措施作为学习、贯彻、落实二十届三中全会《决定》的具体措施之一，先把宏观经济的温度慢慢升起来，让改革的宏观环境得到改善？宏观环境得到改善后，我们将更有能力贯彻落实《决定》要求，中国经济发展一定能再上一个台阶，五年后的经济增长速度可能比今天还会高一点。

第五章

对外开放与区域创新

中国对外开放的五大新特征和五大新任务[①]

黄奇帆

中国国家创新与发展战略研究会学术委员会常务副主席，重庆市原市长

当下中国经济进入了一个以国内大循环为主体、国内国际双循环相互促进的新发展格局。在新发展格局下，我国正在更大范围、更宽领域、更深层次地跟世界合作，向世界开放呈现出了新特征。在党的十八大以后，我国的对外开放取得了重大新成果。在新发展格局下，党的二十大部署了中国对外开放的五大新任务。

构建新发展格局，是中国经济高质量发展和实现强国战略的必然要求

什么叫作以国内大循环为主体？

一般来说，一个国家经济循环的对外依存度，如果进出口贸易（货物贸易+服务贸易）占GDP的比重在60%以上是以外循环为主体，进出口贸易占GDP的比重在40%以内则是以内循环为主体。

中央提出构建以国内大循环为主体、国内国际双循环相互促进

[①] 本文根据2024年8月28日作者在中山大学做报告的录音整理——编者注

的新发展格局，这对我国来说是重要发展战略。我国从 1950 年到 2050 年这 100 年的时间里，大体可以分为三个阶段三种类型。

第一个阶段，是 1950—1980 年，我国经济是一个相对封闭的内循环。当时之所以封闭，不是我们不想开放。由于很多国家都对中国进行经济、社会、科技、贸易等全方位的封锁，想开放也开放不了，每年进出口贸易占 GDP 的比重还不到 10%，所以那个时候以相对封闭的内循环为主。

第二个阶段，是从改革开放一直到党的十八大，是一个以外循环为主牵引内循环的阶段。这个阶段的经济运行特点是以两头在外、大进大出的外循环为主。经过近 30 年的改革开放，2006 年中国进出口贸易占 GDP 的比重达到 71%。

第三个阶段，党的十八大以来，中央审时度势、顺势而为，提出了经济发展新常态，并着力推出供给侧结构性改革，持续扩展经济的内生动力，我国进出口贸易占 GDP 的比重逐年下降，2016 年降到了 38%，形成了以国内大循环为主体、国内国际双循环相互促进的新发展格局。

为什么现在要构建新发展格局？这里面有一个经济发展的逻辑。2013 年，中国的货物贸易达到世界第一，占全球贸易量的 30%，非常大的基数，如果每年还以百分之十几的量增长，增量这块比许多国家全部贸易量还多，很容易引发贸易摩擦。

此外，2010 年中国劳动力进入拐点，同时我们土地成本、各种要素成本和生态环保成本提高，再靠消耗大量资源，搞两头在外、大进大出的加工贸易已比较吃亏、不合时宜。

最重要的是，全世界近 80 年的经济发展有个逻辑，发展中的大国总是以进出口贸易的外循环为主，拉动自己的经济发展，而世界经济强国一定是以内循环为主。比如美国,从 1950 年到现在的 70 多年里,历年进出口贸易占 GDP 的比重都在 30% 左右。2022 年,欧盟进出口贸易占 GDP 的比重就是 35%。日本经济分两段,在 1945—1975 年产业重新振兴的过程中,作为一个发展中国家,日本拼命依靠国际市场来拉动自己,这一阶段货物贸易占 68% 左右,服务贸易占 7% 左右,进出口贸易占 GDP 的比重达到 75%,以外循环为主。1975 年以后,日本进入世界经济强国行列,到现在 40 多年的时间,每年的进出口贸易占 GDP 的比重一直保持在 35% 左右。

以国内大循环为主体是大国成为强国过程中的必然选择。

现在试想一下,如果我们 2016 年的进出口贸易比重还是 70% 以上,之后遭遇中美贸易战,再遇上新冠疫情,在这个过程中如果进出口贸易比重从 70% 降到 38%,国民经济就会很被动。但是我们在 2016 年已经自主降到了 38%,并且 2017—2023 年连续 7 年始终保持在 38% 左右,保持了坚定的韧性和抗冲击能力,以国内大循环为主体、国内国际双循环相互促进的新发展格局稳如磐石。

2006—2010 年我们是被动调节,受世界金融危机的影响,美国、欧洲购买力下降,我国出口受到较大冲击,到 2010 年我国进出口贸易占 GDP 的比重降到了 55%;2011—2016 年我们是主动调整,2016 年降到了 38%,新发展格局悄然形成。但是,保持进出口贸易总额占 GDP 的比重在 40% 以内,只是新发展格局的框架比例,要真正实现以国内大循环为主体、国内国际双循环相互促进的格局,还要做到五条:一是提高全要素生产率,形成自立自强的科技创新能力;二是建设全国统一大市场,发挥中国大市场的规模优势;三是通过扩链强链补链,形成一头在内一头在外、上中下游产业链垂直整合的一体化制造业体系；四是提高最终消费占GDP的比重，居民收入在国民收入分配中的比重也要显著提高；五是建设更高水平的开放型经济新体制。这些内涵，将在中国正在推进的"十四五"规划和2035年远景目标中实现。

新发展格局下，中国对外开放出现了五个新特征

在新发展格局下，以国内大循环为主体，实际上并不妨碍开放。中央提出来的战略，是在新发展格局下实施更大范围、更宽领域、更深层次的高水平对外开放。中国这10年的开放和过去40年的开放既一脉相承，又呈现出新发展格局下的五个新特征。

一是在投资政策上，从过去几十年的引进外资为主，转变为既鼓励引进，也鼓励国内企业走出去投资。据统计，1979—2012年这34年里，中国境外投资共计约5 000亿美元；而仅在2017—2021年这5年时间内，中国对外直接投资就达到了约7 700亿美元。引进来、走出去双向投资的特征已经很明晰地显现出来。

二是在贸易政策上，从过去几十年的扩大出口为主，转变为鼓励出口和增加进口并重。当今世界，出口大国未必是经济强国，因为出口的货物可能是大量的劳动密集型产品和来料初加工产品。而进口大国一般都是经济强国，进口所需的外汇可能来自技术和服务等贸易顺差，货币纳入特别提款权（SDR）成为世界货币，也可与各国直接结算。另外，我国关税总水平已降至7.3%，今后还可能会进一步下降，这样一是可以直接降低消费品进口成本，有利于产业转型升级，增加群众消费福利；二是有利于增加进口，促进实现进出口平衡，为实现国际收支平衡创造条件；三是有利于在经贸谈

判中占据主动,进口规模越大,在世界经济舞台上的话语权自然也越大。中国在2021年超越美国,成为全世界最大的奢侈品消费市场。这都跟我们市场规模大、降关税和增加进口有关。

三是在区域开放政策上,从过去几十年的沿海地区首先开放,转变为沿海沿边内陆协同开放、整体开放。2010年以前,我国各类国家级的开放措施都是从沿海开始的:1980年代初期推出的14个开放城市以及之后陆续批准建立的27个经济技术开发区都在沿海;五大经济特区都在沿海;早期推出的国家级新区开发——浦东新区、滨海新区也都在沿海。党的十八大以后,新的开放措施都是东西南北中一体化开放,在内陆批准了12个新区,沿海增加了5个,再加上原来的上海和天津,现在全国一共19个新区。又如,保税区也从沿海推广到了中西部地区。本质上,开放是一种理念、一种制度、一种办事的方式,和区位无关。德国在西欧的中部,谁能说德国社会开放度比西班牙开放度低?中国过去的开放是以沿海为主,现在转向沿海沿边内陆协同开放、整体开放。

四是在产业政策上,从以货物贸易为主,转变为货物贸易和服务贸易共同发展。以往,中国引入的外资主要集中在工业、百货、建筑业和房地产等看得见摸得着的有形领域,对金融业、服务贸易等无形领域,如外资银行、保险公司、基金和证券公司,以及教育、医疗、服务业和文化艺术等约束较多。党的十八大以来,党中央、国务院要求对服务业、金融业和工商产业的外资企业本着准入前国民待遇、负面清单管理、竞争中性等原则,实现全方位、宽领域、多渠道开放。现在中国开放度越来越高,开放策略已经转变为宽领域、多渠道、全方位的新模式。

五是在全球外贸秩序治理方面,从融入和适应全球经济治理体系为主,转变为积极参与甚至引领国际投资和贸易规则的制定与修订。中国已经是世界第二大经济体、第一大国际贸易国,不管是投资领域还是贸易领域,中国都有重要的影响力和发言权。从这个角度来看,中国要积极地参与对国际贸易规则的修改,一起参与谈判确立国际贸易规则中新的制度,所以中国不仅是适应现行的国际贸易规则,而且开始介入国际贸易规则的制定和修订,这是一个很重要的变化。具体表现在两个方面。第一,中国现在是WTO的全面支持者,也是WTO改革的重要推进者。第二,在双边或者地区间自由贸易协定(FTA)新的贸易规则讨论谈判当中,中国既是双边贸易谈判的推动者和积极参与者,同时也为中国人的利益和国际贸易规则的公平合理,参与各个贸易规则的讨论、谈判。《区域全面经济伙伴关系协定》(RCEP)已于2022年正式生效,标志着目前世界上覆盖人口最多、经贸规模最大、最具发展潜力的自由贸易区正式启动,而中国正是RCEP谈判的坚定支持者,在RCEP推进中起到了支柱性作用。此外,已有150多个国家和30多个国际组织加入共建"一带一路"大家庭,其中经济规则的导向制定,中国发挥了重要作用。

新发展格局下,中国对外经济取得了三个趋势性、结构性的新成就

新发展格局下,中国对外经济在出口产品结构、加工制造方式、引进外资总量三个方面实现了良好的趋势性、结构性和基础性变化。

一是出口产品的结构发生了根本性变化。中国的进出口贸易在

商品结构上发生了根本性、基础性的变化。具体来说,从 1980 年代、1990 年代一直到 21 世纪初,中国工业出口产品始终保持着一个特点,即 70% 是劳动密集型产品,如轻工、纺织、服装、箱包、鞋帽、玩具等,剩下 30% 是机电产品。然而,到 2023 年,中国的出口总量达到了惊人的 3.38 万亿美元,与 2010 年的 1.6 万亿美元相比翻了一番。在这些出口商品中,机电产品和电子信息等技术密集、资本密集型产品占比高达 90%。与之相反,轻工、纺织等劳动密集型产品只占 10%。这一转变的背后,是中国制造业在规模效应作用下综合成本的大幅度降低,使得资本密集、技术密集和装备密集型产品的出口具备了巨大的国际竞争力。

曾经,"中国制造"被贴上了廉价的标签,过去我们常说"10 亿件衬衫换一架波音飞机",让人扼腕。如今,中国高铁、手机、计算机、清洁能源装备、新能源车、港口起重机、矿山机械等产品异军突起,享誉世界,在国际产业格局中占有举足轻重的地位。如今可以换一个说法,我们用几台大型港口起重机就可换取数亿美元,用以购买大量石油、天然气、铁矿石等资源,或猪肉、牛肉等大量农产品。可以说,如今的出口结构与过去相比,实现了 180 度转变,对中国而言无疑是一件好事。

二是进出口贸易产品的加工生产方式发生了根本性变化。加工贸易曾是中国外贸的"半壁江山",占进出口的比重最高达 50%。加工贸易的最突出特征就是"两头在外""借鸡生蛋",原材料、零部件从国外进口,通过国内浅层次的加工、组合形成产品再销售到国际市场。这种生产方式附加值低,利润也不高。

近年中国的进出口贸易中,加工贸易的比重已经大幅度下降,2022 年我国加工贸易占进出口总值的 20.1%,一般贸易的比重达到 63.7%，其余的 16.2% 为农产品、原材料等初级产品。① 加工贸易、一般贸易比重的变化，很好地诠释了中国制造业生产方式的升级转换。中国加工贸易从过去的两头在外、大进大出，已转变为一头在内、一头在外，实现了原材料、零部件 70%~80% 在中国本土生产，形成了中国自主可控的上中下游的全产业链集群，生产的产品既满足国内市场需求，也销售到世界各地。生产方式的根本性变化，极大提升了中国制造的附加值，推动了中国制造的结构优化，催生了中国产业新技术、新制造、新业态的加速"自主孵化"，以新质生产力驱动中国经济高质量发展。

三是引进外资规模逐年增长。过去 40 多年，中国引进外资连创新高，从 1980 年代平均每年 20 亿美元，到 1990 年代平均每年 300 亿美元、2000 年代平均每年 600 多亿美元、2010 年代以来平均每年 1 200 多亿美元，中国持续多年成为引进外资的第二大国。可以预见，未来中国仍将是外资最为青睐的目的地之一。

许多人认为 2020—2022 年新冠疫情期间，外资引进必然下滑，因为疫情限制了出国考察和合资谈判的次数。然而令人惊讶的是，在这三年中，中国平均每年引进的外资达到了 1 700 亿美元。2022 年更是成为中国改革开放 40 多年来引进外资最多的一年，实际使用外资金额达到 1 891 亿美元。② 因为俄乌冲突导致欧洲能源短缺、成本提高，欧洲的一些制造业企业就加大了对中国的投资，与 2021 年相比，2022 年欧洲对华投资大幅增长 70%，达到了 121 亿

---

① 国务院新闻办就 2022 年全年进出口情况举行发布会 [OL].[2023-01-18].https://www.gov.cn/xinwen/2023-01/13/content_5736993.htm.
② 商务部.2022 年全国实际使用外资金额 12 326.8 亿元人民币 [OL].[2023-01-13].http://tradeinservices.mofcom.gov.cn/article/tongji/guonei/buweitj/swbtj/202301/144949.html.

美元。[1]

事实表明，虽然这几年全球产业链、供应链因贸易战和新冠疫情受到冲击，但外资对中国投资不降反增。原因很明显，中国超大规模市场优势和更深层次开放政策带来的稳定环境，吸引了全球跨国公司来中国投资。面对近年来国际相对动荡的局势，跨国公司不得不考虑长远发展，并寻找资源更稳定、市场更大的新投资地，中国恰好成为它们的理想选择。不管是从投资环境、营商环境看，还是从资本的角度看，中国都是全球最佳的投资"热土"。

二十大确定了我国下一阶段开放的五大新任务

党的二十大再次强调推进高水平对外开放，提出要依托我国超大规模市场优势，以国内大循环吸引全球资源要素，增强国内国际两个市场两种资源联动效应，提升贸易投资合作质量和水平。为此，部署了五个方面的任务：

第一，以推动制度型开放为重点，贯通内外循环。经过几十年的改革开放，中国已由过去在沿海地区通过设置保税区和出口加工区从事加工贸易、参与国际经济大循环的要素流量型开放，转向以国内大循环为主，稳步扩大规制、规则、管理、标准等制度型开放的新阶段。要通过高水平对外开放让中国的超大规模单一市场成为全球要素资源强大引力场，这就需要打造市场化、法治化、国际化一流营商环境，让内循环与外循环有效贯通起来。

---

[1] 商务部.2022年欧洲对华投资121亿美元，增长70%[OL].[2023-05-05].http://www.xinhuanet.com/2023-05/05/c_1129591506.htm.

首先，要对标国际先进水平，加快调整完善国内相关规则、规制、管理、标准等，促进内外贸标准衔接、检验认证衔接、监管衔接，推进内外贸产品同线同标同质。要聚焦企业需求和市场反馈，及时优化政策，切实打通阻碍内外贸一体化的关键堵点，助力企业在国内国际两个市场顺畅切换。要优化内外贸一体化发展环境，落实好相关财政金融支持政策，共同促进内外贸高质量发展。支持市场主体内外贸一体化经营，促进内外贸产业链供应链融合发展；引导加工贸易企业向研发设计、关键零部件生产、维修与再制造、销售结算等产业链中高端延伸；依托开放平台开展内外贸一体化试点，打造内外贸融合发展平台，支持提供内外贸"一站式"解决方案。

其次，围绕我国对外开放长期存在的短板领域，如金融服务、教育医疗卫生养老和数字经济等，继续合理缩减外资准入负面清单。同时要在国民待遇、公平竞争、知识产权、环境保护、政府采购、公共服务等方面继续深化改革，依法保护外商投资权益。

最后，要加强跨境电子商务贸易的发展。国内电子商务做得风生水起，跨境电子商务虽有长足发展，但总体规模还很小。产生这种差距的主要原因就是存在内外贸"两张皮"的问题。2024年6月，商务部等九部门出台了《关于拓展跨境电商出口推进海外仓建设的意见》，从5个方面提出了15项具体措施，包括积极培育跨境电商经营主体、加大金融支持力度、加强相关基础设施建设与物流体系建设、优化监管与服务以及积极开展标准规则建设与国际合作。其内涵就是有效解决内外贸"两张皮"的问题，积极推动电子商务内外贸一体化发展。

第二，以服务贸易和数字贸易为重点，建设贸易强国。过去

10年，全球价值链的重构主要是由知识密集型服务业所推动。中国已是全球货物贸易第一大国，要成为贸易强国必须在服务贸易和数字贸易上发力。近年来，我国在全球服务贸易中的地位不断提升，服务贸易规模连续多年保持世界第二位。但对比发达国家的服务贸易高附加值的行业结构，以及我国40多年来货物贸易的发展速度，我国服务贸易存在逆差规模大、结构效益不高等问题，巨量的货物贸易对服务贸易发展理应具有的带动优势没有发挥出来。2023年，美国的进出口贸易总额是6.88万亿美元，其中服务贸易额为1.72万亿美元，占比为25%。欧盟27国2022年的进出口贸易总额是5.58万亿欧元，其中服务贸易额为2.43万亿欧元，占比为43.5%。中国2023年的进出口贸易总额是6.87万亿美元，其中服务贸易额为0.93万亿美元，占比只有13.5%。从这些对比的数据不难看出，中国的服务贸易占比偏低，其发展大有可为。

作为服务贸易中最具潜力、发展空间最大的数字贸易，近年发展迅猛。联合国贸易与发展会议报告数据显示，全球数字贸易占服务贸易的比重已由2011年的48%增至2020年的63.6%。中国在这方面有基础、有优势，而且已经申请加入《数字经济伙伴关系协定》（DEPA）。可以预见，未来我国服务贸易占全部贸易额的比重将逐步提升，服务贸易中数字贸易的比重将会逐步提升，包括数字贸易在内的服务贸易将与货物贸易一道共同支撑中国贸易强国建设。

第三，高质量共建"一带一路"，带动全域全方位对外开放。共建"一带一路"倡议提出以来，取得了举世瞩目的成就，在改变世界经济版图的同时，也在深刻影响和塑造着中国对外开放的格局。其中，中欧班列的开行和运营，堪称共建"一带一路"的典范。在中欧班列的带动下，沿线通道经济、口岸经济、枢纽经济快速发展，为内陆城市对外开放拓展了新空间。迈入新征程，我们要继续深化改革，扩大开放，突破一些瓶颈和障碍，加快形成以中欧班列为依托、沿线主要枢纽为支撑、产业链供应链深度融合的国际经贸合作大通道。特别是要考虑通过运力布局的优化调整，为带动全域全方位对外开放做出新的更大贡献。提升北上两通道的运输和通行能力，将给东北地区的开放带来新的契机。除了北上（东中两通道）、西出（西通道）两大战略方向，还有南向大通道。其中一个是西部陆海新通道，另一个是以中老、中越、中缅三大通道为依托、面向中南半岛的南向通道。这些通道在将丝绸之路经济带与21世纪海上丝绸之路无缝连接在一起的同时，也将带动相关区域的对外开放迈上新台阶。此外，各地还可依据自身的资源禀赋和产业条件与共建"一带一路"国家和地区建设空中丝绸之路、网上丝绸之路等特色合作，提高开放层次和水平。

第四，实施"自贸港＋自贸试验区＋高标准自贸区网络"战略。党的二十大提出"实施自由贸易试验区提升战略"，我认为需要思考两个问题：一是新一轮科技革命和产业变革正推动重塑经济发展动力、区域分工格局和全球产业链供应链价值链，我们应思考如何发挥自贸港、自贸试验区开放优势，推动创新要素跨境自由便利流动，进而吸引集聚国际创新资源，打造国际创新合作平台。这既是提升创新能力、建设科技强国的内在要求，也是破解科技脱钩、进一步提升产业竞争力的战略需要。从产业发展需要看，蓬勃发展的数字经济、生物经济和低碳经济对监管的标准和能力提出了更高的要求。这些新经济新业态的发展和监管问题都可以在自贸港、自贸试验区先行先试，取得经验后再逐步推广。二是如何通过自由贸易港和自贸试验区的探索为我国与其他国家和地区共同推进自由贸易协定服务。近年来，美、日、欧等发达经济体正酝酿超越 WTO 的高标准经贸规则。同时，中国参与的 RCEP 已顺利签署实施，中欧投资协定谈判如期完成，已正式申请加入《全面与进步跨太平洋伙伴关系协定》（CPTPP）。总的来看，国际经贸规则演进的基本方向是"三零"，即零关税、零壁垒和零补贴，由边境外措施向边境后开放转变，更加强调营商环境的趋同化。这要求自贸港、自贸试验区以更大的力度、更高的标准和更实的举措开展创新探索和压力测试，重点围绕高水平经贸规则所涉及的准入前国民待遇、负面清单管理、知识产权保护、生态环境保护、劳动权利保护、竞争中性、数字贸易以及教育、医疗公共服务开放八个方面形成突破，加快打造市场化、法治化、国际化一流营商环境，为中国参与国际经贸新规则谈判和全球经济治理探索新经验、形成新示范。

第五，以"人民币国际化 + 高质量走出去"深度参与全球产业分工合作。党的二十大报告提出要有序推进人民币国际化。根据 SWIFT（国际资金结算系统）的数据，2023 年 12 月，人民币在全球支付清算中的使用比例达到 4.14%，与 2021 年同期相比上升了近 2 个百分点，也就是这两年差不多每年以 1 个百分点的速度在提升，目前已经是第四大支付结算货币。越来越多的境外市场主体在考虑使用人民币作为融资货币，用于对华贸易。随着我国人民币互换安排、清算网络日益健全，越来越多的中国企业在"走出去"时选择使用人民币进行对外直接投资，也有越来越多的境内工商企业在国际贸易中倾向于使用人民币作为合同的计价货币。

在储备货币方面，自 2022 年 8 月 1 日起，国际货币基金组织（IMF）最新特别提款权货币篮子正式生效，人民币在其中的权重由此前的 10.92% 上调至 12.28%。

应该说，这些进展十分喜人。但我们还要清醒地看到，人民币的国际化地位总体上与中国经济在世界经济中的地位不相匹配，其国际化仍有很大的空间，有大量工作要做。

从全球货币格局看，大致上可以分为三类：一类是美元，是世界货币。美国 GDP 占全球的 25%，但国际支付中将近 50% 是用美元计价和结算的，美元在全球外汇储备中的比重接近 60%。第二类是欧元、英镑、日元等，这些货币对应的经济体占世界经济的比重分别与这些货币在全球市场中的比重大致相当。第三类是其他经济体，其货币地位远低于其 GDP 在全球中的比例。

中国已经是世界第二大经济体，2023 年 GDP 占全球比重达到 17%。未来，人民币国际化至少要实现与欧元、英镑、日元相当的地位，与中国在世界经济中的比重相当。

二十届三中全会《决定》提出，推动金融高水平开放，稳慎扎实推进人民币国际化，发展人民币离岸市场。

人民币国际化是金融高水平开放的重要内容。稳慎扎实推进人民币国际化，可以从以下几个方面推进。

第一，继续推动中国跨境贸易以人民币计价、人民币结算。当前，我国对外贸易再创新高，特别是未来将增加进口。2023 年前 9 个月，货物贸易项下使用人民币结算的比例达到 24.4%。[1] 而且随着高质量共建"一带一路"的持续推进，特别是随着我国与东南亚国家经贸合作的深化，预计到 2030 年，这一比例将达到 35%，到 2035 年将达到 45%。以此为基础，预计人民币在全球支付结算中

---

[1] 温源. 人民币国际货币功能稳步增强 [N]. 光明日报，2023-11-13(10).

的比重每年增加 1 个百分点，到 2035 年人民币在支付结算中的比重将达到 17% 左右。

第二，继续改善服务，为跨境电商等新业态、新模式提供跨境人民币结算服务。2024 年，中国跨境电商进出口额达 2.63 万亿元，增长 10.8%，[①]跨境电商成为全球贸易的新势力和推动中国贸易发展的重要动能。我们应通过推进通关、税务、外汇等监管创新，营造有利于新业态新模式发展的制度环境。未来，随着越来越多的中小企业"触电上网"，将推动人民币国际化应用。

第三，继续扩大开放，为"引进来""走出去"提供更加便利的投融资服务。过去 40 多年，中国引进外资连创新高，可以预见，未来中国仍将是外资最为青睐的目的地之一。在这个过程中，外资进入中国，可以是外币，也可以是人民币。外资以人民币进入，可以成为人民币的回流机制。同时，随着中国企业走出去，对外投资也可以用人民币作为主要币种，带动人民币走出去。这样一来一去，形成人民币双向循环的良性机制。

第四，加快发展人民币离岸市场。目前，中国香港、新加坡、伦敦等已经成为主要的人民币离岸市场。其中香港是全球最大的离岸人民币中心。接下来要继续发挥香港作为离岸人民币中心的地位，进一步丰富人民币产品，为人民币离岸投融资提供更好的标的。同时，注意到 RCEP 也是人民币跨境使用最为活跃的区域之一，推动人民币在 RCEP 内使用也是离岸人民币市场建设的重要方向。

---

① 2024 年中国跨境电商：进出口增长 10.8%，未来外贸动能蓄势待发 [OL].[2025-01-13]. https://www.sohu.com/a/848368788_122066678.

近年来，围绕资本项下可兑换，有关部门做了大量工作，取得了不少进展。但是，需要指出的是，人民币国际化与资本项下自由兑换有联系也有区别。不是资本项下自由兑换就意味着人民币国际化水到渠成，而是反过来，只有人民币国际化达到一定程度，才是资本项下自由兑换的必要条件。这里面实际上是金融开放与安全的权衡。什么时候人民币国际化水平达到与中国在世界经济中的地位相当的程度，资本项下才具备了更加自由兑换的必要条件。

当前中国经济的关键仍是解决一阶问题

张维迎

北京大学博雅特聘教授，北京大学国家发展研究院教授

一阶问题与二阶问题

在数学领域，函数用于描述变量间的关系。若该函数可导，其基本特征则可通过一阶导数和二阶导数来刻画，有些函数还有三阶导数，甚至四阶导数。一阶导数决定变化的方向，即增加或减少；二阶导数反映了变化的速度，即增加或减少的快慢。假定有两个以时间为自变量的函数，它们的二阶导数均大于零，但一阶导数不同，一个大于零，另一个小于零，这意味着第一个函数值随着时间而上升，且上升得越来越快，第二个函数值随着时间而下降，且下降得越来越慢。

套用上述数学概念，中国经济同样包含一阶和二阶问题。一阶问题关乎我们秉持的理念和采用的体制模式，是进一步深化市场化、法治化进程，还是退向计划经济、人治时代。二阶问题涉及具体的经济政策，包括如何用财政政策和货币政策刺激投资和消费，如何刺激出口，如何解决特定产业（如房地产）所面临的问题等。

一阶问题是道的问题，二阶问题是术的问题。当前经济学界的

讨论多聚焦于二阶问题，一阶问题却常被忽视。这一现象背后，或许存在两方面原因。

一是认知局限。囿于凯恩斯主义宏观经济学的信条，许多经济学家和政府官员认为解决经济萧条问题的措施就在于如何刺激投资、促进消费、扶持产业发展（如发展人工智能或复苏房地产市场），因而就是如何用货币政策和财政政策等手段来调整经济的问题。

二是回避策略。由于一阶问题较为敏感，难以公开讨论，所以人们往往假定其不存在。然而，从近年的实践来看，仅聚焦于二阶问题的解决策略并不能从根本上扭转中国经济面临的挑战。虽然经济学家们在具体政策细节上存在差异，但大致都是基于凯恩斯主义经济学的理论框架提出政策建议，实际效果不尽如人意。政策频出，但企业家信心依然不足，其根源在于一阶问题未解决。

中国经济的对外开放与对内放开

为了深入理解一阶和二阶问题的区别，有必要回顾中国自1978年以来改革开放的历程。

中国改革开放究竟是要解决什么问题？在我看来，主要是解决中国经济发展中的一阶问题，而非二阶问题。

1980年代，围绕改革路径的选择出现了激烈的争论，可以理解为改革派与保守派之争。在我看来，这两派之间的核心分歧就在于侧重点应是解决一阶问题还是二阶问题。改革派主张通过改革解决一阶问题，即在观念和体制层面进行根本性变革，从计划经济逐步转向市场经济，减少政府对经济的直接干预，赋予企业家更大的自由选择空间。与之相对，保守派则侧重于二阶问题的解决，即如何完善计划经济，提升计划的科学性，确保政府财政的稳健，避免再出现如1950年代末至1960年代初期的经济决策失误。

之后国家实施的一阶问题解决方案，可以概括为"对外开放，对内放开"八字方针。

对外开放

对外开放首先是一种理念和信念，相信人类文明的普适价值，相信西方国家的先进经验和技术能够助力中国的发展，相信国际合作优于对抗，相信可以化敌为友，相信和平与发展的国际环境是可以通过努力实现的。需要特别指出的是，"和平与发展"的国际环境并非只是一个判断、是自然而然的事情，而是我们努力的目标，相信通过各国共同努力是可以实现的。如果中国未能实施改革开放政策，而是继续沿用1960、1970年代的老路，那么国际环境或许将截然不同，"和平与发展"的情势很难出现。

在上述理念的指导下，中国实行的对外开放政策就是要融入全球经济体系，要利用国际市场、外部资本、发达国家的先进技术和先进思想。中国设立了经济特区，并逐步扩大沿海城市的开放范围，鼓励外资企业投资，加强与国际社会在人才、教育、科学、技术和文化等领域的全面合作，从而实现了与世界的互联互通。需要强调，除了引进技术和资本，思想和观念层面的交流同样重要，甚至更重要，它为中国带来了一场深刻的思想启蒙。

在此过程中，中国于2001年加入WTO，这一事件具有里程碑意义，标志着中国与世界经济的全面接轨。中国以发展中国家的身份加入WTO，享受了诸多优惠待遇，这体现了西方发达国家在互利共赢原则下与中国加强合作、共同促进发展的意愿。

回顾过去 20 多年，中国人的财富积累与基础设施建设发生了翻天覆地的变化，加入 WTO 无疑是推动中国财富大幅增长的关键因素。中国在 2001—2008 年间实现了经济上的巨大飞跃，不仅提升了中国的经济实力，也使得原本价值未被充分挖掘的广义资源得以变现，实现了价值的显著提升。

应该说，中国人财富的爆发式增长主要发生在加入 WTO 之后 10 年的时间里。加入 WTO 前夕，许多城市有大量下岗职工，许多年轻人找不到工作（这是 1998 年开始大学扩招的主要原因），四大国有银行处于技术性破产的边缘，资本充足率远低于巴塞尔协议规定的国际标准。而到 2007 年，中国工商银行成为世界上市值最大的银行。2010 年，中国经济总量超过日本，成为世界第二大经济体。普通人的钱包也鼓起来了！2000 年，中国城市每 100 个家庭平均拥有 0.5 辆家用轿车，而到 2011 年，这一数字上升到 18.6 辆，10 年间增加了 36 倍。

为什么会在如此短的时间里，中国人突然觉得自己富起来了？让我先用一个比喻来直观地说明这一点。假设一位农村老太太拥有一件祖传的古董，如果只在村里卖，或许只能卖 300 元；如果可以在全县卖，就可能卖 3 000 元；以此类推，在全市、全省、全国卖，价格会不断抬升；如果在全世界卖，也许会卖到 3 000 万元。这就是说，同样的东西，市场范围不一样，价值就不一样。财富不是一个物理概念，不是按照重量或面积计算的，而是一个价值概念，取决于市场的开放程度与人们的预期。

加入 WTO 后，中国融入全球经济体系，我们的大部分产品可以在全世界卖了。1978—2001 年，中国出口年均增长率为 15.4%，而自 2001 年加入 WTO 至 2008 年，这一数字飙升至 27.2%，是经济增速的两倍多。

从国家层面看，出口的强劲增长直接促进了中国外汇储备的迅速积累。2001 年加入 WTO 时，中国的外汇储备为 2 121 亿美元，随后以每年上千亿乃至两三千亿美元的速度持续增长，至 2011 年，外汇储备达到 31 811 亿美元，2014 年达到 38 430 亿美元的峰值，较 13 年前增长了 17 倍之多。[①] 之后，中国的外汇储备始终保持了大致的规模，2024 年 12 月末的国家外汇储备余额为 3.2 万亿美元。庞大的外汇储备不仅为中国提供了坚实的经济基础，也增强了中国在全球经济中的话语权和影响力，使得中国能够更加自信地参与国际经济合作与竞争。当然，外汇储备过度积累并非全然好事，但我想强调的是，中国之所以能在国际舞台上拥有更强的话语权，并有能力大规模援助非洲等发展中国家，是因为加入 WTO 后积累了巨额外汇储备。

加入 WTO 以后，中国原本不值钱的东西变得值钱了。中国过去最不值钱的东西是什么？就是人的时间。人与人之间最平等的就是时间，每天 24 小时，每周 7 天，无论你是穷人还是富人，无论你生活在发展中国家还是发达国家，都是一样的，绝对平等。所谓财富增长，就是每个人的时间变得越来越值钱了。富裕程度的差异，其实就是时间价值的差异。

1995—2000 年，中国城镇就业单位（不含私营企业）的平均工资年增长率为 11.8%，而 2001—2011 年的 10 年间，这一增长率升至 14.4%，显示出显著的加速趋势。以保姆行业为例，北京市保

---

① 国家外汇储备规模 [OL].https://www.safe.gov.cn/safe/gjwhcbgm/index.html.

姆的月工资从2002年的480元增长到2011年的4 800元，10年间增长了10倍，扣除价格因素，年平均增长率16%。这从一个侧面反映了中国人时间价值的提升。

与美国比较，按小时工资计算，2005年在美国雇用一名制造业工人的工资在中国可以雇用22名工人，到2010年这一数字降至10人，至2015年进一步减至5人，现在可能更低。就是说，相对于美国人，中国人的时间变得更有价值了。

让我们换个角度来理解中国人财富的增加。2001年，新推出的诺基亚8250手机的售价是3 350元，当年中国城市职工年平均工资是10 870元，就是说，你工作一年拿到的工资只能买3.2部诺基亚8250手机。而到2018年，新推出的小米8智能手机的售价是2 699元起，当年中国城市职工年平均工资是82 461元，你工作一年拿到的工资可以买30.5部小米8智能手机。换言之，2001年购买一部诺基亚8250手机所需的工作时间，在2018年可以购买9.5部小米8手机，且后者在技术和功能上远超前者。

再以汽车为例，2001年一辆桑塔纳1.8L轿车的售价是12.89万元，中国城市职工需要工作近12年才能购买一辆桑塔纳1.8L轿车，而到2009年，桑塔纳1.8L轿车的售价是7.98万元，城市职工的年平均工资是32 736元，你工作不到两年半就可以买一辆。至2023年，虽然桑塔纳1.8L轿车已停产，但类似配置的车型桑塔纳1.6L的价格是7.68万元，城市职工的平均工资是120 698元，你工作8个月赚的钱就可以买一辆桑塔纳1.6L轿车。换言之，2001年买一辆桑塔纳1.8L轿车需要的工作时间，2009年可以买4.8辆，2023年可以买18.5辆。用轿车衡量，2001—2023年，中国城市职工工作的时间价值增加了17.5倍。

再举个食品的例子。假设每年工作250天，每天工作8小时，全年累计工作2 000小时。以鸡蛋为衡量标准，在2000年，中国城市职工购买一斤鸡蛋需要工作144分钟，到2010年，买一斤鸡蛋只需要工作33分钟，至2019年更是减至15分钟，仅为2000年的约1/10。换言之，鸡蛋的实际价格下降了约90%，或者说，用鸡蛋衡量，城市职工工作的时间价值增长了近9倍。

除了提升时间价值，中国土地资源价值的变化同样显著。加入WTO之后，土地资源的价值急剧攀升。北京三环内繁华地段的土地在30年前或许并不起眼，而今其每亩价格已动辄以百万元甚至数百万元计。

土地价格的上升是与房价相联系的，房价的上升通常会引起人们的抱怨。但换个角度看，房价的上升还是比人的价值上升慢，并且，房价的上升很大程度上是人的价值上升的结果。通过比较工资和房价更能说明问题：全国平均看，1998年城市职工工作一年的工资仅能购买3.6平方米的商品房，到2012年，这一数字提升至8平方米，至2022年更上升至11.4平方米。这意味着，购买一套80平方米的商品住房，所需工作年限从1998年的22年缩短至2012年的10年，再到2022年的7年。虽然全国范围内房价普遍上涨，但更显著的是个人收入与土地价值的双重提升，使得人们能够用更短的时间积累更多的房产财富。当然，前面讲的是全国平均情况，像北京这样的城市在有些时间段可能例外，2013年在北京工作一年平均可以买5.2平方米的住房，但到2022年只能买4.3平方米。

随着个人价值的提升，中国人的整体经济实力显著增强，汽车普及率的大幅提高便是证明。1999年，中国城市每百户家庭仅拥有0.34辆轿车，到2023年，每百户家庭已拥有55.9辆轿车。虽然这一数字尚未达到美国 1930 年的水平（当时美国每百户家庭拥有 60 辆轿车），但中国的汽车普及率已实现质的飞跃。这一成就离不开 WTO 的推动与开放政策的实施，加入 WTO 不仅降低了汽车等消费品的价格，还显著提高了劳动者的工资，从而加速了汽车等现代生活方式的普及。

对内放开

对内放开首先也是理念的转变，本质在于赋予个体更多的自由。这种理念就是：相信人的自主性和能动性，相信人的创造力；相信由广大民众参与的分散决策优于少数人在办公室做的集中决策和统一命令；相信市场的力量；相信企业家精神。

正是基于这样的信念，从 1970 年代末始，中国农村率先实施了土地承包责任制，并于 1984 年正式废除人民公社制度，开放了自由市场，赋予农民种植自主权，极大激发了其生产积极性。在城市，为了释放企业活力，我们首先推行了扩大企业自主权、放权让利的政策，后来又实施"抓大放小"策略，鼓励小企业民营化，还对国有企业进行了股份制改造，明确了党政分开、政企分开的原则，确保各司其职，各尽其能。通过双轨制，中国逐步放松了国家对价格的管控。我们扩大了地方政府的经济决策权，并大力发展非国有经济，让企业家成为经济发展的主导力量。

这一系列放开政策的实施，有效缓解了计划经济时代物资短缺、需求配置受限的问题。以粮食生产为例，计划经济时期普遍存在的饥饿问题，在改革开放后得到了根本性改变。1984 年甚至出现了粮食过剩现象，粮票逐渐失去了作用。1978—1985 年，中国粮食亩产量增长了 38%，这一成就不仅彰显了农业生产的巨大潜力，也预示着我们面临的挑战更多在于如何有效利用土地资源，而非土地资源本身的匮乏。随着个人自由选择权的增强，市场关系随之发生了根本性转变，各种商品普遍从卖方市场转变为买方市场，消费者选择多了，生产者的角色定位由高高在上转变为服务客户、满足消费者需求。至1994年，全国范围内的各类票证制度全面废止，包括实行了38年的粮票。

对外开放与对内放开互为因果

对外开放与对内放开并非独立的两个一阶问题，而是相辅相成、互为因果的两个方面。它们根植于同一核心理念：对个人创造力的信任、对市场机制的认同，以及对企业家精神的崇尚。这两者如同一枚硬币的正反两面，如果没有对内放开，中国不可能真正获得对外开放的益处，中国企业也不可能在国际上有竞争力。

事实上，如果之前的WTO成员国不相信中国会走向市场化体制，中国根本不可能加入WTO。同样，如果没有对外开放，国内改革亦难以迅速且深入地推进，甚至可能陷入停滞。加入WTO不仅是中国对外开放的重要里程碑，更是对内放开的催化剂，它迫使中国政府全面审视并调整经济管理政策，废除与WTO规则不符的管制条款，加速了银行与大型国有企业的股份制改革，并引入了国际战略投资，进一步推动了国内的市场化进程。

温故知新：当前关键仍是解决一阶问题

步入2025年，面对经济增长乏力的现状，如果我们回顾之前的改革开放历程，就可以清晰地认识到，中国经济当前所面临的挑战，依然属于一阶问题，即理念和体制的走向问题，而非如何通过货币政策、财政政策来刺激投资、促进消费，或如何扶持特定行业或发展高科技这样的二阶问题。

过去40多年中国经济经历过三次显著的增长高潮，这三次增长高潮都不是依靠货币政策或财政刺激实现的，而是通过解决一阶问题实现的。

第一次高潮出现在1984年及之后几年。1984年改革的重点由农村转向城市，对国有企业实行"扩大自主权""放权让利"，对地方政府实行财政包干、分灶吃饭。1984年10月召开的中共中央十二届三中全会确立了"有计划的商品经济"的改革目标，标志着中国经济向市场化方向迈进。1985年1月，双轨制价格改革全面启动，市场很快活跃起来，乡镇企业蓬勃发展。这些都是解决一阶问题的战略措施。

第二次高潮是1992年之后几年。1992年10月份召开的中共十四大确立了"建立社会主义市场经济体制"的目标，明确了改革的方向，大量政府官员下海从事工商业活动，形成"92派"企业家群体，乡镇企业民营化，企业家逐步成为经济活动的主角。

第三次高潮则始于2001年加入WTO。在入世的推动下，中国经济与世界"接轨"，从2002年起连续七年保持经济高速增长，且增速逐年攀升。

我想强调的是，今天的问题也是一样，还是要靠"对外开放，对内放开"解决一阶问题，而不是在货币政策和财政政策等二阶问题上兜圈子。

高水平对外开放，不应停留于口号层面，而应切实转化为实际行动。

我们应该坚信，借助全人类的智慧与资源，参与全球市场的大循环，相较于闭门造车的独立发展，更有利于增进中国人民的福祉。中国经济这棵参天大树，之所以能在过去40多年间茁壮成长，枝叶茂盛，正是因为广泛汲取了全世界土地上的营养与水分。若斩断其根须，它会逐渐枯萎，果实亦将日渐稀少。

财富是一种价值与预期。一个国家从穷变富并不难，只要理念和体制对头；一个国家从富变穷更容易，阿根廷和委内瑞拉就是很好的例子。

如同体育比赛一样，若想成为冠军，哪怕是亚军、季军，就必须勇于参赛，虽然有时候裁判不公，但也不应该成为拒绝参加比赛的理由。参赛就必须接受约定的规则，同时需具备输得起的心态。没有哪个国家注定是我们的朋友，也没有哪个国家注定是我们的敌人。一切事在人为，取决于我们如何做。

我特别想强调的是，当前社会上广泛流传的"修昔底德陷阱"思维，实为一种极具破坏性的观念，可能误导国家走向歧途。因此，我们应从这一思维桎梏中解脱出来。回顾公元前431年至前404年的伯罗奔尼撒战争，作为雅典与斯巴达两大集团之间的冲突，并非如修昔底德断言是新兴力量的崛起而必然导致的。这场战争并不是必然的。它之所以发生，是当时政治家的自负、怨恨心态和复仇心理，以及他们的无知和误判，还有第三方势力的煽风点火。雅典的过度贪婪与不切实际的目标追求，最终导致了其在战争中的彻底失败。

耶鲁大学教授唐纳德·卡根对伯罗奔尼撒战争有深入研究。他指出，参与这场战争的政治家普遍缺乏远见，误以为能以低廉代价换取巨大利益，他们基于过往经验制定战略，却未充分考虑误判与误算的风险,更缺乏应对预案。因此,伯罗奔尼撒战争并非源于不可抗力,其发生的环境和决策并非不可避免。

同样地,我们现在和未来的国际环境,在我看来都取决于我们的选择与行动。

现在一个显著的现象是消费者信心不足。其根源是创业、就业和收入的预期普遍不佳,而不是消费者舍不得花钱,更不需要经济学家和政府去鼓励他们消费。提高消费率就能带来高增长的观点是幼稚的。实际上,过高的消费率往往是经济停滞的结果,而非经济增长的原因,否则 2000 年前人类经济就高速增长了,因为那时消费率接近百分之百。

企业家信心不足,这一点同样不容忽视。企业家信心的构建,主要取决于变革的方向,而不是货币政策刺激的强弱。当自由空间不断扩大、法治不断进步时,他们的信心自然会增强;反之,当自由空间缩小、法治倒退时,企业家信心就会动摇。企业家信心是未来中国经济的基石,其稳固与否直接关系到经济的持续发展与创新活力。

中国经济的超大规模性的形成与金融发展

曹远征

中银国际研究有限公司董事长

网易财经对我的采访《中国企业"卷"的背后暗藏经济增长的秘密》发表后,受到关注。当日,在《文化纵横》杂志社举办的"重构全球化时代中国互联网"研讨会上,与会者就中国经济的超大规模性展开了热烈的讨论,相应地也对这一超大规模的生成与发展提出了值得进一步探讨的问题。在这些问题中,最受关注的是中国如何将自然禀赋的超大规模性整合为工业化意义上经济活动的规模效益。其中,中国金融的嵌入所发挥的作用尤其关键。具体发挥了什么作用?我想需要一个专门的回应。

负债经营:资本外汇双缺口下的路径依赖

在市场经济条件下,利润最大化是企业追求的目标。这与所有者的约束有关,因为在自由竞争的资本市场中,资本的使用权最终属于获利最多的企业。在这种自由竞争的市场条件下,按照 MM(莫迪利安尼－米勒)理论,企业的资本结构(债务与股权的比例)与其总成本及市场价值无关,从而与企业的价值无关。换言之,企业的资本结构是自愿选择的结果，因企业和行业的不同而不同。经验表明，通常只有规模较大的企业适合负债经营。

与发达经济体资本充沛、金融市场发育水平高不同，落后经济体因储蓄不足，通常存在着钱纳里所描述的"资本外汇双缺口"现象，同时金融市场发育水平低，使企业难以筹措到发展的资本。因贫困而贫困，出现了贫困的恶性循环，实现工业化是其挣脱贫困陷阱的唯一出路。除了吸引外资，在国内自有资本不足的情况下，企业借入资本，即负债经营，便成为不得不为之的次优选择。正因如此，以借贷便利化为目标的金融深化就成为克服"金融压抑"的主要手段，成为落后经济体金融发展的基本逻辑。麦金农的金融发展理论由此盛行于发展中经济体，尤其是东亚经济体。与之相适应，这些经济体金融结构逐渐发育出以"间接融资"为主的特征。

中国是发展中经济体。如同其他东亚新兴经济体，资本形成是加快工业化的关键。在"资本外汇双缺口"的约束下，除了引进外资，就是要创造满足国内企业"借入资本"来经营的条件，这成为中国金融发展和制度安排的初始动力。改革开放前，中国采取的是高度集中的计划经济体制，人财物、产供销均由政府计划，统筹安排，统一实施，在此情况下，金融在资源配置中是不必要的。计划经济的一个重要特征是财政主导，中国人民银行只是从属于财政的财务核算和出纳机构。1978年，中国的改革开放从农村启动。随着家庭联产承包责任制的落实，以及农产品统购统销制度的改革，农民种田的积极性高涨，农产品产出因之增长。相应地，农民的货币收入增加，中国农村由此出现了符合经济规律的工业化进程，乡镇企业大量涌现。在资本短缺的情况下，"借钱"成为乡镇企业的主要筹资方式，村民集资成为主要途径，草根金融由此萌发，成为以农村信用社为代表的正规金融发展的土壤。与此同时，在乡镇企业的冲击下，国营工厂也要求"松绑放权""自主经营"，进而推动了财政体制的改革。1984年，以中国工商银行成立为标志，中国建立了中央银行和商业银行的双层金融体系。与"金融独立于财政"相适应，中国财政体制实施了"分灶吃饭"，不仅建立了中央和地方两级财政体制，而且对国营企业的财政拨款也改为银行的商业贷款（拨改贷）。中国金融由此开始快速发展。

需要指出的是，在自由资本匮乏，只能负债经营的初始条件下，企业负债可以说不是完全出于自愿，而是不得不为之的次优选择。一旦做出这样的选择，很容易产生路径依赖。随着企业的不断发展，企业负债会不断扩大，负债率会高企，由此，高杠杆成为常态。不只是民营企业，国有企业也是如此。1990年代，有一句话在中国经济界流行——"企业为银行打工"。企业对负债的路径依赖，反过来又变成了金融机构资产形成的条件。于是，在中国金融快速发展的同时，金融机构也出现了一定的路径依赖。

具体来说，正反馈式的路径依赖是指，企业在高杠杆的常态下，只要内部现金流为正，就可以付息，债务就可以维持下去。而营业收入是内部现金流的来源，只有营业收入不断扩大，内部现金流才会扩大。在这样的情况下，企业不仅可以付息，而且可以扩大负债规模，从而扩展资产，形成规模效益，并提升竞争力。简言之，企业的规模效益要靠负债的扩大来形成，而营业收入带来的规模效益的提升又是支持进一步负债的条件。负债经营与规模最大化经营由此一脉相承、相辅相成，体现为企业对负债（借贷）的渴求。所以，克服融资难、融资贵，始终是金融改革的重点领域。

在此情况下，处于信贷供给侧的金融机构，无论是信贷规模还是信贷机构数量，都出现了快速增长。由此，企业的诉求和金融的发展互为前提。经济的高速增长，也是金融的快速扩展，两者相互缠绕，对杠杆的路径依赖进一步加深。它不仅决定了中国金融以"间接融资"为主的结构，而且这种路径日益强化，导致企业的行为也不易改变。

所以，在这种情况下，虽然中国有了资本市场，但是更多企业股本融资的初始动力是负债率过高，期望以增加资本的方法来维持负债，这也是出现中国企业上市热潮的重要原因。然而，企业的行为并未因上市而发生根本改变，一个明显的事实就是，中国有相当数量的上市企业，即使有利润也不分红，即使分红也不是现金，而是红股。企业利润不断转增资本的背后逻辑是，在负债率不变的情况下，企业可以扩大负债，以此满足企业扩大规模的需要。这种以股本融资支持负债的行为，充分反映出中国企业规模取胜策略对间接融资的强依赖性。

现金流持续为正：中国未发生系统性金融风险的秘密

如前文所述，一方面，发展中经济体，尤其东亚新兴经济体企业的高负债经营，是其高速增长的微观基础；另一方面，经济高速增长，反过来又改善着企业的营业收入，由此产生充沛的内部现金流，来支撑企业的负债；同时，高负债支持规模扩张，两者相互推动、螺旋上升。表现在宏观层面上，就是在经济增长的同时，宏观杠杆率也持续升高，形成当年克鲁格曼所描述的"投资推动投资"的增长模式，而投资的来源又是更高的负债。日本如此，韩国也是如此。从这个意义上来说，中国经济增长奇迹是在更大规模上再现了这种增长模式。

一般来说，东亚这种增长模式，在经济高速增长的同时，也因企业的高负债而孕育着"快速去杠杆"的风险。换言之，如果企业经营收入下降，现金流短缺，企业便无法及时支付利息，由此便会出现"资不抵债"的风险，随时有破产倒闭的可能。在这种情况下，一旦出现任何风吹草动，这种风险就可能会大面积发生，进而出现大批企业倒闭，从而导致系统性的金融崩溃。1997年的亚洲金融危机就是前车之鉴，其去杠杆程度之惨烈，至今令人心悸。反观中国，从1980年代起，企业开始出现负债率过高的问题，先是乡镇企业，再是国有企业，现在又是地方融资平台。因负债率过高而使企业倒闭的事件时有发生，人们也始终担心会引发系统性的金融风险。然而，虽然警报常年不断，但系统性危机却迄今未现。

中国与东亚经济体都是负债经营、规模取胜的企业发展策略，为什么中国从未出现系统性金融危机？其中的奥秘就在于，在竞争中生存下来的中国企业，内部现金流都是持续为正的。当然，这不能排除存在"幸存者偏差"，但关键在于，幸存者是多数。

具体来说，中国企业普遍利用中国市场的超大规模性，从需求侧入手，以销定产；在产品策略上，它们努力与收入增长最快的群体一起成长，不断以此群体为目标，改进产品，以适销对路，从而保证了内部现金流的持续不断，进而支持杠杆的可持续性。相应地，其企业财务管理也是坚持不懈地以内部正现金流为目标，使内部现金流时时处处可覆盖企业的支出，尤其是覆盖其规模扩大中投资的（信贷）利息支出。在这一管理导向下，节省成本、薄利多销、量入为出就成为企业的自觉行为，并成为其在激烈的市场竞争中存活下来的关键。

我们看到，改革开放 40 多年，在市场经济发展中，虽然不少企业夭折在半途中，但"幸存者偏差"最终使优胜者行为趋于一致，即规模取胜的前提是内部现金流持续为正。与此同时，中国人口的巨大规模性又为规模取胜的企业发展策略提供了有力支撑，成为其内部现金流为正的充分条件。

中国拥有 14 亿人口，市场细分的程度已大大提高，1%~2% 的人口就相当于一个小经济体，其规模足够支持具有规模效益特点的任何产业发展。而且，中国的人均年收入还在增长中。尤其需要关注的是，具有较高消费倾向、有支付能力的中等收入群体还在持续增长中。目前，中国中等收入群体已有约 4 亿人口，预计到 2035 年，即中国基本实现现代化之时，中等收入群体将翻一番，达到 8 亿以上，成为全球最大的中等收入群体。在这种情况下，未来的消费扩张与升级是有想象空间的。但是，由于刚刚实现小康的中等收入家庭预算仍相对有限，"质优价廉"仍是其基本偏好，所以，满足此偏好的产品若能不断改进升级，企业便可实现内部现金流持续为正。

规模持续扩大：金融创新的新契机

以农用车以及后继的新能源车为代表的企业杠杆可持续的过程，既是企业规模扩大的过程，也是产业链不断延长的产业成长过程。这一过程催生了产业聚集，形成了更大规模的供应链网络，进而使产业呈现出超大规模性的独特优势，使金融创新有了新的契机。

仍以汽车工业为例，只要整车厂有规模性发展，产业内分工就会自然细化，进而带动配件厂的发展，产业上下游由此不断延展。配件厂一般是中小企业，资本少，抵押物不足，不仅难以获得贷款，而且因风险高而融资贵。然而，若整车厂的产品能保持与收入增长最快的群体一起成长，配件厂便可借用整车厂的现金流量表以及资产负债表进行融资活动，形成"供应链"金融安排。这一安排突出表现为金融机构"三表三品"的贷款模式。所谓"三表"，是指贷款不仅要看资产负债表，还要看电表、水表，甚至报关表；所谓"三品"，是指贷款不仅要凭抵押品，还要凭产品，甚至老板的人品。换言之，由于产业链的上下游关联所形成的超大规模性，商业信用的外延大大扩展，甚至原先不视为商业信用的信用，如"人品"也纳入了贷款的信用范畴。

供应链金融安排，使中小企业不仅可以嵌入，而且可以融入产业链，成为产业链中不可或缺的组成部分，从而在更大规模上成就着规模效益，使边际成本递减，由此，边际收益递增态势进一步得以维持并延长。任何产品只要在中国生产，便会规模最大、成本最低，从而竞争力最强。更为重要的是，这种超大规模性具有加速迭代且自我强化的能力。因为供应链网络一旦形成，其规模就成为一个至关重要的变量。供应链网络规模越大，内部节点就越多，相互配套组合的可能性就越大，集成创新的机会就越多，产业发展的空间就越广阔。

目前，仍在发展壮大的这一供应链网络，不仅已覆盖全国，而且延伸至全球，使中国成为联合国产业分类中唯一拥有全部工业门类（41大类、207个中类以及666个小类）的国家。同时，新的小类别正在涌现。与之相适应，供应链涵盖的产业越多，其供应链网络弹性就越大。当每个企业都与其他企业建立互为配套的关系时，供应链网络中企业的专业分工将更加细化，即使是专门的小类别生产，也能达到世界级量产的规模。在珠三角地区，这种"专精特新"的小巨人企业比比皆是。我就曾访问东莞一家专门生产塑料耳机套的小企业，其产量约占全球的1/3。

供应链网络的形成，进一步延展了信用，促使金融机构的产品多样化，使其更加丰富。比如，企业所在地的中小金融机构，人熟地熟，信息的不对称性较小，极易将以"三表三品"为代表的创新金融安排作为竞争的利器。由此，在金融不断深化的同时，产业链上的中小企业贷款难的问题也得到了缓解，金融的普惠性大大提高，这成为中国金融创新的一大亮点。其中蚂蚁金服就是典型。

开发性金融：经济超大规模性的黏合剂

企业以内部现金流为正作为其管理目标，不仅因其杠杆可持续而使企业规模不断变大，而且也因产业链条的延长而形成产业集群，使规模效益再上台阶。更为重要的是，这也推动了金融创新。

我曾提到，中国企业规模效应提升的一个重要途径，就是将基础设施的外部性内部化，扩大了范围经济的内涵。其中有一个附带影响，之前未曾想到，即公益性的基础设施可以产生现金流。这意味着，公益性的基础设施具备商业金融安排的可能，而不再纯粹依赖财政。

仍以汽车为例，"村村通公路"形成了汽车发展的条件，而汽车的普及反过来又使道路有了收费的可能。道路收费所产生的收入及现金流，可以使道路的建设采用一种特别的商业融资安排，即建立在使用者付费基础上的政府与社会资本的合作模式，即公私合作（PPP）。事实上，不只是道路，在中国，几乎所有的基础设施，PPP都是其投资的主流金融安排形式，是中国基础设施建设快速发展的助推器。更重要的是，一方面，它为企业创造条件，即基础设施外部性的内部化；另一方面，基础设施实现了至少部分的商业化运营，成为政府与社会资本两者结合的黏合剂，创造着中国经济更大的规模效益。

"要想富，先修路"，这是中国民间广为流传的一句话，是对这一更大规模效益的贴切表达。

正是在上述发展的基础上，中国逐渐形成了具有自身特色的所谓"开发性金融"安排。其基本流程是，基于中国工业化的发展前景，地方政府和金融机构共同建立开发区，地方政府首先将土地注入融资平台，此处的融资平台往往是以开发区名义成立的。之后，开发区融资平台以土地为质押物来获得贷款，开发建设包括道路在内的基础设施，金融机构也乐于发放贷款。

通过基础设施建设，土地由生地变为熟地，地方将会吸引更多企业入驻，从而形成以土地出让金或租金为主的收入。企业的内部现金流与地方政府财政担保所形成的外部现金流，共同构成对金融机构的还款来源，支撑着开发区融资平台资产负债表的稳定和扩大，进而形成滚动开发之势。

需要强调的是，开发性金融在产业组织上有重要意义。开发性金融使开发区加快了"七通一平"（道路通、给水通、电通、排水通、热力通、电信通、燃气通及土地平整）乃至标准厂房的建设，进而以完善的基础设施条件进行招商引资，尤其是外资。上乘的基础设施使中国以一种令人意外的方式获得了承接发达国家制造业大规模外包的能力。基础设施优良的开发区引来了大型跨国企业的进驻，而跨国大型企业的进驻，又为一大批为之配套生产的中小企业提供了客户和市场，并创造出为之服务的生产性或生活性的服务企业，由此形成了层级复杂的供应链网络。

事实上，拥有主流技术的大型制造业，更看重供应链网络的稳定性和高效性，俗称"短平快"。以汽车工业为例，其零部件众多，所以配套企业较多，在地方政府的支持下，中国的部分开发区把这个行业的"短平快"做到了极致：一般会在以总装厂为中心的方圆100~300千米的半径区域内形成齐全的配套零配部件企业（短）；运输时间通常控制在3~5个小时，即半天以内（快）；零部件直接进入生产线进行总装（平）。这不仅实现了零库存生产，将流动资金成本压到最低，给汽车降低售价提供了更多空间，而且若有问题，当天便能解决，减少了生产差错，提高了质量，并避免了召回。由此，中国车企在福特生产方式（节约固定成本，以流水线为核心）和丰田生产方式（节约流动成本，以看板为核心）的基础上，又以差错率低的高质量方式进一步降低了成本，提高了竞争力。

对创新型中小企业来讲，批量小、品种多、变化快是其特点，所以它们更看重供应链的弹性和丰富性。这类企业在中国的沿海地区居多，所以沿海的供应链此类特点就更为显著。其中，深圳的华强北电子市场、华南城物资市场，就是此类供应链网络节点的典型代表，它们的特点是"只有想不到的，没有做不到的；机器做不到的，手工也要做到"。于是，即便是美国硅谷的创意点子，也要远渡重洋来深圳实现。

在上述成果的鼓舞下，近几年，中国地方政府进一步加强了对产业和企业成长全方位服务的力度，新的口号是"政府负责阳光雨露，企业负责茁壮成长"。针对战略性新兴产业，地方政府普遍建立了引导基金，看好的产业，在企业初创期就以股权投资的形式介入，以缓解其初期资本不足又难以负债的困境，并为外部资本的投入创造条件，扶植其成长，培育形成产业集群的气候。在各个产业集群竞相建设的过程中，以高新技术企业发展为主的"合肥模式"、以新能源电池及其配套产业发展为主的"宜宾模式"表现较为突出。

由此，以金融为手段，通过有为政府与有效市场的结合，中国经济的超大规模性被不断拓展，"滚雪球"般持续扩大。在这种情况下，规模效益的边界被不断外推，范围经济的内容持续扩大，成本不断下降，形成了人们俗称的"卷"。

此处需要强调一点，这种开发性金融安排，虽然是地方政府隐性债务的重要组成部分，具有一定的违约风险，但是，不同于西方国家财政赤字融资所形成的负债，中国的地方政府隐性债务由于有资产相对应，从而具有偿还的可能性。所以，当前出现的地方融资平台违约风险，在很大程度上是由于期限安排的错配。由此，缓解期限错配就成为化解金融风险的重要手段，也成为金融创新的重要领域。我们看到，在基础设施的新建领域，亚洲基础设施投资银行就是创新安排；在基础设施的已建领域，超长期国债安排可视为新信号。

中国绿色金融：超大规模性"涌现秩序"的表达

复杂经济学家布莱恩·阿瑟在讨论"技术的本质"时指出，技术进化引发了经济进化。"众多的技术集合在一起，创造了一种我们称为'经济'的东西。经济从它的技术中涌现，不断地从它的技术中创造自己，并决定哪种新技术将会进入其中。"换言之，经济是从它的技术中涌现出来的，形成了"涌现秩序"。按照复杂经济学的理解，所谓"涌现秩序"，是指当事物的规模巨大时，参与其中的个体难以预测其后果，出现了不确定性。用学术语言表达，在一个复杂的超大规模的系统中，各个部分之间的相互作用，会导致整体出现新的复杂结构和行为，这些结构和行为不能简单地通过各部分的行为来预测，但可以自发地形成秩序。

进入新能源时代，超大规模性有了新发展。以"新三样"为代表的新技术，从局部看并不新奇，早已是人类知识储备中的现成技术。但是把这些技术组合起来，就成为复杂技术，进而会出现迭代效应的集成创新，使整体大于局部之和。

经验表明，当复杂技术被采用后，因整体大于局部之和，往往会呈现出收益递增的特性。技术被采用的越多，获得的经验便越多，技术被改进的速度就越快，规模效益的边界便会不断外推，范围经济的领域也会不断扩大，具有了超大规模性。当多种不同组合集成所形成的效益递增技术，为获得市场而相互竞争时，某些看似偶然的事件就变得重要起来，导致了技术乃至经济发展路径的"锁定"。

我们注意到，2009年召开的哥本哈根世界气候大会和2015年召开的巴黎气候变化大会，尤其是后者，成为世界经济转向低碳发展的触发点，使全球的能源技术进步方向"锁定"于新能源，低碳经济成为新的"涌现秩序"。而作为这一"涌现秩序"的金融表达，便是绿色金融。

对中国而言，2015年巴黎气候变化大会的意义更为重大。在中国加入《巴黎协定》的次年，即2016年，G20领导人第十一次峰会在中国杭州举办。在这次峰会上,中国首次把"绿色金融"议题引入 G20 议程,成立了绿色金融研究小组,中国的绿色金融发展也从此走上快车道。目前,中国是绿色债券最大的发行国,"赤道原则"已普遍运用于商业银行业务之中,ESG(环境、社会和公司治理)也成为上市公司监管的指引。中国绿色金融无论在实践上还是在标准制定上,都处于世界前列,正在全球引领低碳经济这一"涌现秩序"的金融表达。

之所以这样描述和评价中国的绿色金融,既与金融的本质有关,也与中国低碳经济的发展方式有关。

首先,就金融本质而言,金融的核心功能是应对不确定性,即人们常说的"金融是配置或管理风险的工具"。所谓"涌现秩序",是正在生成中的秩序。虽然它有确定的逻辑,但相对人们已有的认知而言,它还是难以把握的,即因超越了人们的认知而具有不确定性。这种不确定性或许不构成损失,但却是金融活动的题中应有之义。正是在这个意义上,绿色金融敏感地发现其不确定性,并对其进行定价,使其可量化、可预测,清晰明了且高度统一,成为引导资源配置的信号。

其次,就中国低碳经济的发展方式而言,中国的低碳经济发展更多是立足于供给端,首先以新能源发展为导向,即"能源生产电力化,电力生产清洁化"。在这一导向下,各种已知的能源技术都向电力实现方向转变。因电力"即发即用"的技术经济特性,以及由此产生的电网规模经济,各种能源技术迅速"卷"入其中,规模效益边界外延和范围经济不断扩大,形成了超大规模性。

这不仅取决于各种技术的迭代和集成形成了复杂技术,从而需要前文所述的金融对其不确定性的定价;更为重要的是,这些技术所形成的工艺流程和生产设备具有物理的实在性，可把握且易量化，方便金融对其资产进行定价。

与此相对应，发达国家的低碳经济发展更多立足于需求端，以限制排放入手，促使企业生产低碳化，反映在金融上就是碳排放交易。通过交易赋予碳一个价格，以价格机制鼓励企业减排，新能源的发展是这一减排过程中附带的自然产物。经验表明，这种金融安排方式因碳足迹捕捉困难，使金融难以准确定价，而且由于极易产生"搭便车"行为，交易也不十分活跃，其减碳效果显然不如电力清洁化的绿电发展。通过新能源发展绿电，可以在源头上切断碳足迹的延伸，由此使减排成为新能源发展的从属产物。在这个意义上，新能源的超大规模性，为中国绿色金融提供了发展的基础，而作为这一"涌现秩序"的金融表达，绿色金融也传递了一个信号，至少在看得见的未来，通过发展新能源来促进减排，是低碳经济发展的主攻方向。

这里需要指出的是，作为超大规模性"涌现秩序"的金融表达，中国绿色金融在促成新能源规模化的同时，也起到了碳减排的作用。以太阳能利用为例，早在1990年代，中国农村流行通过农房屋顶来充分利用太阳能，当时两种技术并立且相互竞争，一种是太阳能热水器，另一种是屋顶光伏板。相较之下，太阳能热水器经济实用而广受欢迎，而屋顶光伏板发电自用不够，又不能上网转售，几乎成为"鸡肋"，在太阳能产品竞争中处于下风。

光伏板不但需要政府的财政补贴，而且还不受农民待见，只有牧区除外。当时我在国家经济体制改革委员会研究所工作，曾到青海调研，在草原藏区，光伏板由于可以发电照明，又便于携带，颇受牧民青睐。但由于光伏板成本很高，牧民无力负担，金融也难以介入，只好由政府财政作为扶贫工程全额资助。然而，随着屋顶光伏介入电网，情况为之一变。河南省兰考县的经验是，在绿色金融的参与下，农民屋顶光伏板发的电可以卖给电网，电网同时给农民一定数量的免费用电权，超出部分再以市场价格公平结算。农民积极性由此被调动起来，从银行贷款或租或买光伏板，不仅发电增长，而且改变了农村的能源结构，烧饭、洗澡、取暖都开始使用清洁电力，成就了更大范围的碳减排。

综上所述，中国金融发展的基本经验就是，金融紧紧围绕着支持实体经济展开，这也是中国未发生金融危机的基本原因。实体经济关乎国计民生，从而有营业收入，有现金流，可付息，可换本，可防范并遏制资产负债表衰退，从而使金融可持续发展。

依据这一基本经验，展望未来，随着中国实体产业的超大规模性不断滚动，以债务融资为主的金融趋向不会发生重大变化，但是以"间接融资"为主的金融结构却会改变。换言之，因长期债务需求的出现，在不改变债务融资方向的同时，以"直接融资"为主的债券市场会日益发展，而以"间接融资"为主的特征会日益减弱。相应地，银行的行为也会发生变化，其主要经营业务不再是以存贷为主的商业银行业务，而是以交易为主的批发银行业务。

事实上，目前中国资本市场中的债券业务已经超过股本业务，而银行又是债券的最大持有者，成为资本市场的最大交易对手。由此，债券长期化、银行交易化、金融品种多样化推动着金融结构直接融资化，这些将是金融发展的趋势。这一趋势的形成基础是实体经济的发展需要，其发展逻辑便是金融为实体经济服务。

重新定位地方政府职能

刘元春

上海财经大学校长

中央和地方财政关系的重构已成为公众广泛关注的焦点，并且是二十届三中全会提出的改革中最具实质意义的内容之一。

财政体系重构进入新阶段

央地财政关系的改革是中国政府体系改革的核心之一，必须从整个体系大改革的角度进行思考。如果对财政体系、宏观治理体系以及新发展阶段的国家治理体系和相应的发展模式尚未有清晰的认识，仅对央地财政关系进行简单调整，可能无法达到预期的效果。

目前我们已经进入财政体系重构阶段，这一阶段有两个标志性信号。

第一，财政"双低"现象全面出现。一方面，广义财政收入占GDP的比重过低，2018年广义财政收入占GDP的比重为31%，但是2023年年底仅为23%。世界发达国家的平均水平在35%左右。另一方面，中央财政支出占总体财政支出的比重过低。2023年，中央财政支出占总体财政支出的比例仅有14%。财政"双低"现象的出现标志着财税体系大改革来到了关键时刻。

第二，在过去财权与事权不匹配的情况下，支撑地方新财源的经济基础和时代红利已经出现了全面改变，即土地财政和通过平台模式实现地方债务融资遇到了前所未有的挑战。

目前债务型的地方财政面对两大难题，一是房地产市场的深度调整导致土地红利和房地产红利消失，二是地方投融资平台债务高筑导致简单的地方财政债务融资模式出现问题。现有的分权模式和财权事权不匹配的模式面临剧烈挑战，不具备可持续性。因此，必须改变目前的困局，做出重大调整来稳定经济增长。

回顾2014—2024年这十年，我们发现，上一轮的改革并没有从根本上改变地方财政债务融资的模式，也没有改变地方政府在现有财政缺口以及权力体系下所出现的乱象，所以必须从更为本质和宏观的角度来进行财税体系改革。

破解"四位一体"的循环关系链，重新定位地方政府职能

从可行性路径来看，重点要以地方财政所面临的困境作为突破口，对地方政府的职能进行根本性的重构，其关键是破解地方政府、地方投融资平台、地方中小金融机构以及地方国企"四位一体"的循环关系链，重新定位地方政府在经济、社会方面的功能。

在"分灶吃饭"的体制下，地方政府进行大规模基建投资、产业建设和城市建设的举措具有激励相容的特性，与城市化、工业化、地方政府的政绩观和经济发展阶段相匹配。在过去20年里，这种模式对于我国经济社会快速发展具有重要作用。但如今，"四位一体"的循环关系链出现了崩塌，产生了大量的负面效应，导致

了市场秩序恶化、产能过剩、地方经济发展空间狭窄和全国统一大市场难以建成等问题，成为高质量发展模式中最大的障碍。因此，破解这一循环关系链条成为关键。

第一，要求地方政府从过度的经济建设功能适度向经济与社会平衡发展进行转换。当下中国主要矛盾的一个关键方面是经济发展与社会发展之间的不匹配、不均衡，要对此进行调整。

第二，对不断扩展的地方国企进行适度收缩，地方政府在债务端的管理适度向资产端进行转移。要重新认识国有企业战略定位，有的国企可以适度向市场开放，而有的国企可以适度向央企集中。同时整顿地方所推动的大量园区经济、市域经济和县域经济。过去由政策洼地所构建的没有真正投资效益的园区，要进行统一管理、统一整合、统一梳理和再定位。

第三，对地方政府入股的部分地方金融机构或受地方严格控制的中小金融机构进行合并重组，防止地方政府权力过度向金融领域扩张，扰乱金融市场。对地方政府投融资平台也要进一步定位和重新梳理。

第四，加速按照2024年12月的中央经济工作会议精神对投融资平台进行改革，在聚焦战略的基础上进行投融模式的现代化改革。

"十五五"时期充分发挥市场的决定性作用

曾铮　刘方
国家发展和改革委员会市场与价格研究所室主任、研究员

党的十八届三中全会审议通过的《中共中央关于全面深化改革若干重大问题的决定》提出，"使市场在资源配置中起决定性作用和更好发挥政府作用"，这一重大论断为我国深化经济体制改革，进而牵引和带动其他领域的体制改革指明了方向。二十届三中全会通过的《决定》进一步提出，要"充分发挥市场在资源配置中的决定性作用，更好发挥政府作用"，为新时代推动经济体制改革提出了明确方向。面对高质量发展的要求，"十五五"时期我国应该加快推进市场化改革，让我国市场经济体制框架和制度体系更适应推进中国式现代化和制度型开放的阶段性要求，为2035年全面建成高水平社会主义市场经济体制奠定重要基础。

从"三个维度"和"两种效率"理解发挥市场在资源配置中的决定性作用的理论逻辑

从经济学理论出发，市场经济活动包括三个相关问题：第一，生产什么，生产多少；第二，如何生产，即用什么方法来生产，如

何对各种生产要素进行组合；第三，为谁生产，即生产出来的产品如何分配。由此，引出资源配置的三个问题，即要素归谁所有、谁来进行要素组合并组织生产、要素收益归谁。

党的十九届四中全会通过的《中共中央关于坚持和完善中国特色社会主义制度 推进国家治理体系和治理能力现代化若干重大问题的决定》，按照资源配置的三个维度，从中国特色社会主义基本经济制度建设出发，面向充分发挥市场在资源配置中的决定性作用和更好发挥政府作用，对应性地提出了三大制度建设，即以公有制为主体、多种所有制经济共同发展，以按劳分配为主体、多种分配方式并存，社会主义市场经济体制。

从理论上讲，资源配置有市场机制和政府工具两种手段。其中，市场机制包括供求机制、竞争机制、价格机制和风险机制，政府工具包括计划（规划）手段、法律手段、行政手段和政策手段（财政、货币、就业、产业、投资、消费、环保、区域等）。

从两种配置方式的特点来看，市场机制更追求竞争性效率，即通过市场"无形的手"，引导资源流向回报最高的地方，让资源"物尽其用"，这也是政策中"使市场在资源配置中起决定性作用"的理论镜像；政府工具更追求帕累托效率，或者更追求逐步实现帕累托改进，即通过政府"有形的手"，纠正市场配置在某些领域或环节产生的"外部性"或"非公平性"，从而可以形成某种资源配置状态，即任何改变都不可能在不使任何人状况变坏的情况下，使至少一个人的状况变好，这也是政策中"更好发挥政府作用"的理论镜像。

具体而言，社会经济活动、要素配置层次、社会主义经济制度三个维度之间的关系，以及市场机制和政府工具在配置机制与手段以及配置特点上的比较，可以用表 1 来描述。

表 1 社会经济资源配置对应三个维度和两种效率相关的问题

社会经济活动	要素配置层次	社会主义经济制度
生产什么，生产多少	要素归谁所有	公有制为主体、多种所有制经济共同发展
用什么方法来生产，如何对各种生产要素进行组合	谁来进行要素组合，如何组织生产	社会主义市场经济体制
为谁生产，即生产出来的产品如何分配	要素收益归谁	按劳分配为主体、多种分配方式并存
配置方式	配置机制与手段	配置特点
市场机制	供求机制、竞争机制、价格机制和风险机制	实现竞争性效率
政府工具	计划（规划）手段、法律手段、行政手段和政策手段（财政、货币、就业、产业、投资、消费、环保、区域等）	实现帕累托效率（或逐步实现帕累托改进）

市场决定资源配置是市场经济的一般规律，健全社会主义市场经济体制必须遵循这条规律，着力解决市场体系不完善、政府干预过多和监管不到位等问题，充分发挥市场在资源配置中的决定性作用。这就要求从广度和深度上积极稳妥地推进市场化改革，减少政府对资源的直接配置，把市场机制能有效调节的经济活动交给市场，让市场在所有能够发挥作用的领域都充分发挥作用，推动资源配置实现效益最大化和效率最优化，让企业和个人有更多活力和更大空间去发展经济、创造财富。

市场在资源配置中发挥决定性作用的主要进展

党的十八届三中全会以来，我国加快推进改革攻坚战，加强改革顶层设计，各领域基础性制度框架基本建立，中国特色社会主义制度更加成熟、更加定型，实现了经济较快发展和社会持续稳定。

推进市场经济基础制度建设，为全国统一大市场建设奠定良好制度基础

产权保护的法律制度体系加快完善，全面开展涉及产权保护的规范性文件清理工作，出台《最高人民法院关于充分发挥审判职能作用切实加强产权司法保护的意见》等，涉产权冤错案件甄别纠正取得重大突破。全面实施市场准入负面清单制度，建立健全清单动态调整机制，制定出台放宽市场准入特别措施，稳步开展市场准入效能评估。不断强化竞争政策基础性地位，积极推动反垄断法和反不正当竞争法实施，实现公平竞争审查制度在中央、省、市、县四级政府的全覆盖。政务诚信、商务信用、社会信用、司法信用四大重点领域诚信建设稳步推进。

坚持"两个毫不动摇"，各类经营主体市场活力持续激发

强化国有企业独立市场经营主体地位，国有企业内部人事、劳动、分配制度改革大范围破冰，各级国企分层分类稳妥推进混合所有制改革。国资进一步向主业企业和优势企业集中，国有资本整体功能和配置效率有所提升，不断增强产业链供应链自主可控能力。积极实施年度考核加分、工资总额单列等一揽子支持政策，推行"揭榜挂帅""赛马"等机制，赋予更大自主权，给予更大容错空

间，不断健全更加有利于国企创新创造的制度机制。民营经济发展环境持续优化，支持民营经济发展的政策体系基本形成。

加快要素市场化配置改革，市场配置要素能效显著增强

积极探索建设城乡统一的建设用地市场，农村土地征收、集体经营性建设用地入市、宅基地管理制度改革试点稳步推进，深化产业用地市场化改革。劳动力要素流动壁垒加快突破，实施户口登记制度和居住证制度，多地探索实施积分落户等新型政策。多层次资本市场不断完善，利率汇率市场化改革加快推进，建立新三板转板上市机制，推动债市基础设施互联互通。技术创新和转移服务体系持续健全，在赋予科研人员科技成果所有权或长期使用权、优化科技成果转移转化、健全完善科技成果评价体系、加强知识产权保护和运用等方面实施了一系列改革举措。数据要素市场规模迅速增长，数据产权、数据定价、数据交易、数据安全等基础制度和标准规范逐步建立。绿色要素市场化改革加快推进，绿色要素定价机制得到完善。

推动政府治理方式改革，政府作用得以更好发挥

加快构建科学规范、运转高效、实施有力的宏观调控体系，创新实施区间调控、定向调控、相机调控。宏观调控政策协调配合度持续提升。国家中长期发展规划对宏观政策的战略导向作用得到强化，新时代的宏观调控突出增强了国家发展规划对公共预算、金融信贷、国土开发、公共服务、产业发展等的宏观引导、统筹协调功能。营商环境改革向纵深推进，行政审批大幅减少，商事制度明显简化，全面推进实施"双随机、一公开"监管。价格市场化程度显著提高，政府定价范围严格限定在网络型自然垄断环节和重要公用事业、公益性服务领域。

"十五五"时期充分发挥市场在资源配置中的决定性作用的阶段性诉求

"十五五"时期是我国经济社会发展承前启后的关键期，这一时期阶段任务和政策重点都应有所调整。应顺应我国经济社会发展阶段转变趋势，围绕我国经济社会发展重大任务，针对我国经济社会发展突出的短板领域，围绕充分发挥市场在资源配置中的决定性作用，全面推进市场化改革，为我国经济健康发展和社会持续稳定创造良好的制度环境。

"十五五"我国处于加快推进基本实现社会主义现代化的关键期，亟须推动社会主义市场经济基础制度逐步成熟定型

党的十九届四中全会提出，"到二〇三五年，各方面制度更加完善，基本实现国家治理体系和治理能力现代化"。因此，面向2035年基本实现社会主义现代化目标，"十五五"时期是我国处于加快推进基本实现社会主义现代化的关键期，要推动社会主义市场经济基础制度逐步成熟定型。其中，产权保护、市场准入和退出、公平竞争、社会信用四方面的基础制度要整体定型，重点在于形成符合中国式现代化发展需要的市场经济基础制度。

"十五五"我国处于加快构建新发展格局着力推动高质量发展的攻坚期，亟须推进关键市场领域和重点市场环节体制改革

党的十八大以来，我国积极推动经济发展方式转变，深入推进

供给侧结构性改革，实现了经济发展质量变革、效率变革、动力变革，高质量发展取得明显成效。但是，我国在科技自主创新、产业能级提升、市场活力激发、经济有效循环、绿色低碳发展等领域的短板仍然比较突出。"十五五"是我国高质量发展的攻坚阶段，要通过垄断行业改革激发市场主体活力，通过专营制度优化提升行业服务效能，通过健全绿色市场体制机制推动"双碳"目标落实。这些关键市场领域和重点市场环节的改革，对于塑造市场激励和挖掘市场潜力具有极为重要的作用，也是推动高质量发展和畅通国内经济循环的重要战略举措。

"十五五"我国处于推进国家治理体系和治理能力现代化的突破期，亟须优化宏观经济治理体系和健全宏观经济治理体制

"十五五"时期是我国 2035 年基本实现国家治理体系和治理能力现代化的关键阶段，在优化宏观经济治理体系和健全宏观经济治理体制方面要取得突破。当前，我国宏观经济治理体系建设仍然存在一些突出矛盾和问题，主要表现为市场价格扭曲、配置效率低下、公共服务供给不足、市场监管不到位，影响了我国宏观经济调控和管理工作。要强化宏观经济治理体制改革，健全以国家发展规划为战略导向，以财政政策和货币政策为主要手段，就业、产业、投资、消费、环保、区域等政策紧密配合，目标优化、分工合理、高效协同的宏观经济治理体系。

"十五五"我国处于工业化、城镇化、信息化和农业现代化"四化同步"的加速期，亟须强化要素市场化配置改革

当前，我国工业化已经进入中后期，信息化进入成长阶段，城镇化进入平稳发展阶段，农业现代化进入由传统农业向现代农业转变的阶段。在这个发展阶段，我国"四化同步"发展不协调，尚未实现同步发展。具体表现为，信息化发展速度较快，工业化和城镇化处于减速阶段，而农业现代化进程较慢。没有同步发展的一个重要原因就是要素市场化配置程度不高，导致"四化"之间的联动发展受阻。必须以劳动力、土地、资本、技术和数据等要素市场化配置改革为突破点，全面推进各要素领域的协同改革，实现工业化、城镇化、信息化和农业现代化同步发展。

"十五五"我国处于全面实施高水平制度型开放的窗口期，亟须协同促进国内体制改革和国外经贸规则对接

我国已经进入高水平开放新阶段，开放与改革融合、开放引导改革的时代特征十分突出。我们应适应制度型开放的重要趋势，建设高标准市场体系。要充分发挥市场在资源配置中的决定性作用，把市场化改革同制度型改革协同起来。按照《中共中央 国务院关于新时代加快完善社会主义市场经济体制的意见》的要求，推动由商品和要素流动型开放向规则等制度型开放转变，吸收借鉴国际成熟市场经济制度经验和人类文明有益成果，加快国内制度规则与国际接轨，以高水平开放促进深层次市场化改革。

"十五五"时期充分发挥市场在资源配置中的决定性作用的难点与痛点

由于政府和市场的关系还没有完全理顺，市场在资源配置中决定性作用的发挥受到诸多制约。

市场经济基础制度有待优化

一是产权制度建设仍不适应经济发展的要求。我国产权法律体系尚不完善,某些领域产权界定不清。例如,资源性国有资产产权制度不健全,经营性国有资产仍未完全建立集中统一监管制度。当前涉及自然资源资产产权、数据产权的产权法律体系不完善,导致确权不清,不利于相关资源或要素的自由流转。另外,不同领域产权保护还存在"弱项",尤其在知识产权保护、数据产权保护等方面还存在不足。不同所有制经济产权保护存在不平等现象,侵害民营企业产权的行为时有发生,利用刑事手段插手经济纠纷的现象仍然存在,部分民营企业产权纠纷案件久拖不决,难以及时依法处置。

二是市场准入不准营问题仍然存在。有些地方在执行全国统一负面清单方面出台了隐蔽性较强的地方保护政策,导致市场分割问题未能得到有效解决。比如,有的地方政府以"明放暗不放"设置隐性障碍;有的地方政府在全国层面市场准入"开大门"之下,还跑马圈地"设小门",有意将外地企业排除在外;有些地方部门以"规范行业发展秩序、便于规范管理"等理由,在一般竞争领域采用"竞争性磋商"等方式违规增设特许经营权,排除竞争,把外地企业和民营企业挡在门外。相关准入标准和监管规则没有及时出台,导致新经济领域存在准入卡点。此外,经营主体市场退出机制仍不完善。

三是各类所有制企业平等参与市场竞争的隐性壁垒和障碍仍然存在。金融机构服务民营企业体系尚不健全,以中小微民营企业为主要服务对象的中小银行发展受限。拖欠民营和中小企业账款的现象并未得到根本性解决,平台显示的数据仅是拖欠问题的冰山一角,"未清又欠""边清边欠""打折清欠""虚假清欠"现象仍然存在,越来越多的企业采用信用等级较低的商业承兑汇票偿还账款。

四是社会信用体系不健全。当前我国社会信用信息的共享机制不完善,各部门缺乏信用信息的互联互通,尚未构建统一的社会信用代码制度。信用服务产业发展不充分。各地在守信激励和失信惩罚上标准不统一,在全国范围内也未形成统一的信用奖惩机制和信用恢复机制。

要素配置效率滞后于发展需求,市场化配置体制机制改革更加紧迫

我国要素市场发育不充分,存在市场决定要素配置范围有限、要素流动受阻、要素价格难以真实灵活反映市场供求关系、资源稀缺程度和使用成本等问题。

一是劳动力要素城乡、区域、行业、体制内外之间隐性分割的情况大量存在。当前劳动力市场分割现象既有户籍、身份、所有制等体制性分割,又有产业、区域、职业等经济性分割,劳动力流动和择业的自由仍有待提高。

二是土地要素市场存在城市土地供给不足、存量用地低效、城乡建设用地市场不统一等问题。受制于城市规划前瞻性不足、土地管理机制不健全、涉及主体利益协调难度大,一线城市土地存在供给水平下降、土地类型供需不适配、产业扩张土地空间不足等问题。城乡区域土地市场指标流动受限、入市受阻,市场化机制和配套政策法律不健全。同时,土地利用率低等问题逐步显现,但是由于上位规划更新滞后、地方财政收入不足、各方利益难以协调、城市更新标准技术落后等,大部分地区仍存在难以盘活更新的存量低效用地。

三是资本要素存在所有制歧视、监管歧视和功能歧视等问题，出现了资本金融空转、实体虚转和风险高转现象。金融资源配置总体上呈现一定的不平衡性，实体经济仍存在融资难、融资贵等问题。资本市场注册制配套制度不健全，亟须在交易、并购、信息披露、监管、退市、违规违法行为处罚等方面与之配合。金融创新与市场监管存在失衡，过去一个时期各种形式的"类金融"乱象频发，一些大型企业集团借助境内外、表内外、场内外工具盲目融资扩张并最终"爆雷"。

四是由于依然存在科技与产业"两张皮"现象，技术要素转移转化通道不畅、效率不高。由于校企对接低效，我国高校和科研院所的源头创新质量不高，一些成果难以满足市场需要，大量科技成果未能有效转化。当前，我国科技成果转化仍面临考核制约，对科研人员存在"重申请轻转化"的考核倾向，高校的考核评价体系往往"以论文论英雄"，重课题、重论文，轻应用、轻转化；对成果转化的尽职免责机制有待落实，面对"国有资产流失"的追责压力，各方在推动成果转化方面动力不足、顾虑重重。

五是数据要素配置面临数据统筹发展壁垒、场内场外割裂、数实融合不畅等问题。究其原因，我国数据市场基础制度不健全，尤其是制度建设与市场发育未有效衔接，数据的产权制度、交易平台、定价机制、交易规则等还不完善，导致要素交易机制不成熟，存在数据定价难、交易乱、结算慢、评价差等问题。同时，数据共享不足，催生"数据孤岛"现象。当前我国数据要素的开放和共享标准不统一，导致数据的开放和共享难以实施、执行、监督，特别是不同部门、地区、行业、领域等对数据的开放和共享标准还存在差异和冲突。

六是资源环境权益配置面临区域市场分割、交易主体不足、交易客体不够、交易结构不合理、供需不匹配等障碍。绿色要素市场的跨区域流动受到行政区划的限制，各地区、各部门之间缺乏有效协调和沟通，导致流动程序复杂且成本较高。我国绿色要素市场化改革的激励和约束机制不健全，绿色要素市场的参与度不高，主要以政府和大型企业为主，缺乏中小企业、社会组织、个人等多元化主体的参与，导致绿色要素市场的供需结构不平衡，市场活力不足。此外，绿色要素定价机制存在缺陷，没有充分考虑绿色要素的时空差异和多元属性，未能有效区分绿色要素的质量和效益，导致绿色要素的价格水平偏低，不能有效激励经营主体节约使用和保护绿色要素。

此外，由于不同要素分属不同部门归口管理，要素配置主要以单打独斗的形式分别推进，导致要素融合不足、联动贯通不畅、效能提升困难，难以满足发展新质生产力的需要。

垄断行业发展难以适应新的形势需要，市场化改革范围和力度仍需进一步突破

一是当前"网运分开、放开竞争性业务"改革仍然不到位。不同行业政企分开、横向或纵向拆分改革进展不同，"一网独大"问题仍然存在，且垄断势力仍在向上下游产业链渗透。例如，铁路行业虽然实行了政企分开，但"网运合一"高度融合的经营管理体制制约了竞争性环节的市场化改革。现阶段，"路网"的公益属性与铁路运输的商业属性仍然交织在一起，路网的自然垄断特征与运输环节的可竞争性相互掣肘，竞争性的市场经营主体仍难以加入铁路及机车设备供应商体系，也难以参与提供多元化的铁路运输服务。

二是我国目前尚未建立适应市场经济要求的垄断行业规制体系。监管改革思路未能与自然垄断环节技术进步、模式创新等新变化相适应，部分领域监管改革滞后于行业变革。在提升投资效率和遏制投资无序扩张方面还缺乏行之有效的监管举措。自然垄断环节成本监管、投资监管和价格监管职能相对分散、协同不够。另外，垄断行业企业中政府补贴与企业内部业务交叉补贴交织，扭曲了企业经营行为，导致企业收支不清、服务质量难以保障。

政府和市场的关系没有完全理顺，亟须持续完善国家宏观经济治理体系

一方面，亟须加快政府职能转变。部分地区、部门仍然习惯于用行政手段调节经济，尤其是在面临经济下行压力的情况下，存在对微观经济直接干预过多的问题，在一定程度上压抑了市场成长空间。另一方面，政府存在缺位现象。比如，治理体系的科学性和有效性还有待进一步提升，宏观政策取向一致性不足，易产生"合成谬误"；财税体制不健全导致中央与地方政府事权与财权的划分不够合理，税制结构、征收方式、税收体系等不适应统一大市场建设，易引发地区间市场分割；对知识产权保护不够，企业开展自主创新的动力减弱；部分地区营商环境亟须改善。

制度型开放存在诸多"痛点"，亟须联动推进市场化改革

当前，规则、规制、管理、标准等方面的制度型开放仍存在诸多"痛点"，商品和要素型开放与制度型开放的不协调、不匹配问题仍较为突出。例如，规则对接力度不够，产权保护、产业补贴、环境标准、劳动保护等尚未实现规则、规制、管理、标准的相通相容，国有企业经营、政府采购等边境内措施与CPTPP等国际高水平自贸协定的要求尚有差距；规制不健全，政府数据公开、数据要素跨境流动、电子传输免税等的国内立法与DEPA的理念仍有偏差。此外，服务业亟须扩大开放，增强参与全球治理体系改革的动力。

"十五五"时期充分发挥市场在资源配置中的决定性作用的策略

"十五五"时期，充分发挥市场在资源配置中的决定性作用，要按照中国特色社会主义市场经济体制建设总体方向，围绕2035年基本实现国家治理体系和治理能力现代化的战略要求，面向国家重大战略和经济社会发展的突出问题，统筹对标高标准国际经贸规则，重点在市场经济基础制度优化、要素配置市场化改革、重点市场机制建设、宏观经济治理体系完善、联动制度性开放改革等方面取得新进展，推动新突破，实现新成效。

以实现中国特色社会主义市场经济体制成熟定型为重点，加快优化市场经济基础制度

社会主义市场经济体制是市场在政府宏观调控下对资源配置起决定性作用的一种经济体制，市场经济基础制度是社会主义市场经济体制的制度保障。

在产权保护制度方面，要健全经营性国有资产出资人制度和集中统一监管制度，优化国有企业产权登记、资产评估等产权管理制度；健全自然资源资产产权制度，重点完善自然资源资产产权体系，全面落实产权主体，加快夯实调查监测和确权登记制度；依法

平等长久地保护各种所有制经济产权,出台《民营经济促进法》,规范涉民营企业行政检查,持续清理涉企刑事"挂案",探索涉案企业合规改革试点;建立高效的知识产权综合管理体制,重点完善新领域新业态知识产权保护制度,重点围绕算法等新型产权健全新兴领域的知识产权保护制度;改善核心技术产权司法保护,提升种业知识产权等战略性领域知识产权保护水平。

在市场准入制度方面,全面推行"全国一张清单"管理模式,重点破除政府采购和招投标等领域的前置门槛,完善和统一各区域新经济领域准入标准,有效解决部分地区垄断行业开放后存在的"准入难营"问题;推进基础设施竞争性领域向经营主体公平开放,完善民营企业参与国家重大项目建设长效机制;完善市场准入负面清单运行保障机制,建立健全统一的清单代码体系,构建动态调整机制和第三方市场准入评估机制,定期评估、排查、清理各类显性和隐性壁垒;改革生产许可制度,继续压缩实施生产许可证管理的产品类别,全面下放主要产品生产许可审批。

在公平竞争制度方面,要完善竞争政策框架,进一步推动反垄断法的动态修订工作,增加并细化反垄断法的具体规则和内容,加强反垄断法执法的经济分析,探索设立议事协调机构性质的公平竞争委员会;强化公平竞争审查的刚性约束,统筹做好增量审查和存量清理,破除妨碍公平竞争审查的重要体制性因素,统筹协调综合性的市场监管与专业性的部门监管;对侵犯各种所有制经济产权和合法利益的行为实行同责同罪同罚,完善惩罚性赔偿制度;加强产权执法司法保护,持续甄别纠正侵犯民营企业和民营企业家人身财产权的冤错案件。

在社会信用制度方面,全面深化社会信用体系建设,健全激励约束机制，着力打造良好社会信用环境；进一步推动统一社会信用代码制度建设和落实，完善大数据征信和互联网征信的定义和作业规则，推动信用服务业体系建设，合理设置和逐步完善失信惩戒政策；加强市场监管创新，实施以信用监管为基础的新型监管机制；完善网络市场规制体系，促进网络市场健康发展；健全对新业态的包容审慎监管制度。

在市场退出制度方面，要健全企业破产机制，探索建立个人破产制度；完善企业退出制度，全面实施简易注销制度，深化歇业和强制注销制度；健全企业注销"一网通"平台功能，加强跨部门业务协同，提供"套餐式"企业注销服务；建立健全司法重整的府院联动机制，解决企业破产程序中出资人调整、职工权益保护等难题；健全企业破产机制，优化破产企业土地、房产处置程序，推进破产事务"一网通办"；探索建立个人破产制度。

以破除传统要素自由流动堵点和建立新型要素市场规则为重点，全面推动要素市场化配置改革

我国要素市场的改革滞后于商品市场的改革，要素市场化配置程度低于商品市场。下一步，应充分发挥市场在资源配置中的决定性作用，重点在要素市场中取得突破。

在劳动力要素市场领域，继续深化户籍制度改革，全面放开放宽除超大城市以外的城市落户限制，推行以经常居住地登记户口制度；有效解决户口迁移中的重点问题，进一步放宽集体户口设置条件，全面放开直系亲属投靠；探索实行城市群内户口通迁、居住证互认制度；健全常住地提供基本公共服务制度，推动公共资源由按城市行政等级配置向按实际服务管理人口规模配置转变，推动农业

转移人口市民化。

在土地要素市场领域，要优化城市土地供给和使用；加快建设城乡统一的建设用地市场，全面推开农村土地征收制度改革，有效盘活农村存量土地，推动完善城市整体规划机制；建立同权同价、流转顺畅、收益共享的农村集体经营性建设用地入市制度，探索赋予农民对集体资产股份的占有、收益、有偿退出及抵押、担保、继承等方面的权利；深化农村宅基地制度改革试点，探索农村宅基地所有权、资格权、使用权"三权"分置。多措并举盘活存量低效用地，健全存量土地整合机制，完善存量用地集中开发的市场化机制，探索建立存量用地动态监测机制。

在资本要素市场领域，要全面推进完善股票发行注册制，规范发行人信息披露制度，建立中介机构公允性评估制度；加强发行监管与上市公司持续监管的联动，完善上市公司内部监督与内控机制，规范上市公司治理；完善强制退市和主动退市制度，畅通多元退出渠道和退出机制，建立财务造假重大违法退市制度，促进上市公司优胜劣汰；构建与实体经济结构和融资需求相适应的广覆盖、多层次银行体系；增加服务小微企业和民营企业的金融服务供给，加大培育服务创业企业的耐心资本。

在技术要素市场领域，要加快探索职务科技成果产权化，建立混合所有制改革企业科技成果使用权、处置权和收益权新机制；健全科研项目立项和组织实施方式，完善多元化支持机制；促进技术要素与资本要素融合发展，完善科技成果和知识产权市场化定价及交易机制，探索建立科技补助与科技信贷、创业投资联动机制，加快推进知识产权金融化改革，有序开展知识产权证券化。

在数据要素市场领域，要探索建立数据产权制度，推动数据产权结构性分置和有序流通，健全数据要素权益保护制度；完善和规范数据流通规则，构建促进使用和流通、场内场外相结合的交易制度，规范场外交易，培育壮大场内交易，建立数据来源可确认、使用范围可界定、流通过程可追溯、安全风险可防范的数据可信流通体系；进一步扩大数据要素市场化配置范围、拓宽按价值贡献参与分配的渠道，完善数据要素收益的再分配调节机制；构建政府、企业、社会多方协同的治理模式，明确各方主体责任和义务，完善行业自律机制，形成有效市场和有为政府相结合的数据要素治理格局。

以服务国家重大战略和破除发展的突出矛盾和明显短板为重点，积极健全重点领域的市场机制

垄断行业和专营行业在国民经济和社会发展中具有基础性地位，绿色市场关乎我国"双碳"目标落实，二者对国家重大战略实施具有关键性作用。重点推进铁路等行业自然垄断环节独立运营和竞争性环节市场化改革，推动绿色市场机制改革，这些已成为我国构建现代化产业体系和走新型工业化道路的重要战略任务。

第一，推动电力市场体制改革。理顺电价形成机制，单独核定输配电价，分步实现公益性以外的发售电价格由市场决定的定价机制，妥善处理电价交叉补贴现象；鼓励建立长期稳定的电力市场化交易机制，建立辅助服务分担共享新机制，完善跨省跨区电力交易机制；形成公平规范的市场交易平台，改革和规范电网企业运营模式；推进发用电计划改革，完善政府公益性调节性服务功能，进一步提升以需求侧管理为主的供需平衡保障水平；稳步推进售电侧改革，鼓励社会资本投资配电业务，建立市场主体准入和退出机制；建立分布式电源发展新机制，完善并网运行服务，全面放开用户侧

分布式电源市场。

第二，推动电信市场体制改革。优化市场许可准入，推动电信行业竞争性环节市场化改革，持续精简审批、优化流程，基本形成事前准入与证后监管有效衔接的全流程监管能力；加强事中事后监管，建立信用记分机制，实行市场主体量化评价和分级分类管理，对失信和不良企业进行重点监管；进一步完善互联网市场监管机制，探索实施互联网企业分类管理制度，建立以信用监管为基础、大型互联网企业监管为重点的市场监管机制。

第三，推动铁路市场改革。实施分类建设，推动国铁资本向干线铁路集中，积极吸引社会资本参与铁路建设，实现社会资本在某些铁路投资项目领域绝对控股；加快形成多元化的铁路运输业务供给主体，探索整合铁路集装箱、特货、快运等专业运输企业；加强铁路领域国有企业治理体系和治理能力建设，提高上市公司质量；推进铁路资产资本化、股权化、证券化，拓展可转债发行上市，有序推进铁路基础设施不动产投资信托基金试点，推进铁路路地股权调整；推动铁路领域僵尸企业处置。

第四，进一步深化石油天然气市场体系改革。加强产供储销体系建设；深化油气储备体制改革，充分发挥油气储备的应急和调节功能；加大市场监管力度，进一步规范油气市场秩序，大力实施分领域监管和跨领域协同监管，促进公平竞争。

第五，推动绿色市场机制改革。尽快制定支持绿色发展的标准体系，实施促进绿色低碳发展的财税、金融、投资、价格政策，大力发展绿色低碳产业，健全绿色消费激励机制，促进绿色低碳循环发展经济体系建设；建设全国统一的碳排放权、用水权交易市场；推进排污权、用能权市场化交易，探索建立初始分配、有偿使用、市场交易、纠纷解决、配套服务等制度。

第六，推动邮政和烟草相关体制改革。加快推进国有邮政企业改革，推进邮储银行 A 股上市和中邮保险、中邮科技、中邮速递易混改进程；放宽准入门槛，构建全国统一开放、公平公正、竞争有序的邮政市场。推动烟草专卖体制改革，完善烟草专卖专营体制，构建适度竞争新机制，推行烟草行业政企分开，推进卷烟营销市场化取向改革，加快烟叶流通体制、管理体制、厂办大集体、收入分配制度等一系列改革，推动全国烟草生产经营管理一体化平台建设。

第七，强化对自然垄断环节的规制。完善价格、服务质量规制的规则体系，建立规制信息系统，加强激励性规制方法的运用，构建全方位、多层次的监督制衡机制，切实提升战略领域产品质量和公共领域服务质量。

以全面推进实现国家治理体系和治理能力现代化为重点，持续完善国家宏观经济治理体系

充分发挥市场在资源配置中的决定性作用，实现国家治理体系和治理能力现代化，就是要充分发挥有效市场和有为政府的作用，更加尊重市场经济一般规律，进一步推动转变政府职能和优化政府职责体系，更好发挥政府作用。

第一，推动政府职能转变和优化。继续探索推进减少行政层级等深层次改革，全面履行职责，创新和完善宏观调控，促进政府行为依法规范、决策和执行过程科学民主；完善标准科学、规范透明、约束有力的预算制度，加强财政资源和预算统筹；建立权责清晰、财力协调、区域均衡的中央和地方财政关系，增加地方自主财

力，形成稳定的各级政府事权、支出责任和财力相适应的制度；依法依规界定中央和地方金融监管分工，强化地方政府属地金融监管职责和风险处置责任；建立政务诚信监测治理体系，建立健全政府失信责任追究制度。

第二，优化政府治理模式。着力破除"全能型"政府思维，明确政府职能范围、大小，把市场的交给市场、社会的交还社会，厘清政府、市场、社会关系的边界，促进政府治理、经济治理、社会治理的良性互动；把准政府监管职能和公共服务定位，持续推进"放管服"改革，防止缺位、错位、越位；结合各地方各部门各单位实际，创新监管方式，科学合理压减政府行政审批环节流程、事项和时间；多搭台，多补台，不拆台，不断提高政府公共服务供给能力和水平。

第三，营造一流营商环境。继续深化行政审批制度改革，进一步精简行政许可事项，全面实行"证照分离"改革，大力推进"照后减证"；全面开展工程建设项目审批制度改革，推进投资项目承诺制改革，加强事中事后监管；深入开展"互联网+政务服务"，加快推进全国一体化政务服务平台建设；建立健全运用大数据、人工智能等技术手段进行行政管理的制度规则；落实《优化营商环境条例》，加快打造市场化、法治化、国际化一流营商环境。

以对接高标准国际经贸规则和"边境后"规则适应性调整为重点，与制度型开放联动推进市场化改革

制度型开放是高水平对外开放的重要内容，其本质就是从商品要素流动的开放向规则、规制、管理、标准的开放转变。这要求我们既要学习规则，又要参与规则的制定，从高标准国际经贸规则的

跟随者和接受者向参与者和制定者转变，适应制度型开放的趋势，在产权保护、产业补贴、环境标准、劳动保护、政府采购、电子商务、金融等领域实现规则、规制、管理、标准的相通相容，着力在相关领域实现深层次市场化改革的新突破，推进国内制度和国外规则高效协同，由此释放强大的市场活力，依托国内经济循环体系形成对全球要素资源的强大引力场，使开放与改革深度融合，以制度型开放推动深化体制机制改革。

第一，主动对标传统领域经贸规则。准确把握国际经贸规则从边境措施向边境后措施延伸的趋势，构建面向全球的高标准自由贸易区网络；进一步确立竞争政策的基础性地位，落实并强化公平竞争审查制度，持续推动国资监管体制改革，稳步推进自然垄断行业改革，建立健全符合国际惯例的补贴体系；加快与国际投资规则对接，全面实施市场准入负面清单制度，合理缩减外资准入负面清单，落实全面取消制造业领域外资准入限制措施，推动服务业领域有序扩大开放，营造市场化、法治化、国际化一流营商环境；深化外商投资促进体制机制改革，确保外资企业在要素获取、资质许可、标准制定、政府采购等方面的国民待遇。

第二，协同塑造新兴领域规则体系。主动顺应新阶段国际秩序变化的时代特征，通过双边或多边机制协同构建新型领域的国际投资新规则，塑造我国参与国际合作与竞争的新优势；加快推进数字规则国际化，积极参与数字规则国际谈判，尽快推进正式加入《数字经济伙伴关系协定》，进一步优化跨境数据规制制度，完善跨境数据流动机制，加强数据分类分级管理，健全个人信息保护制度；强化环境政策与贸易政策融合，全方位对接国际重要贸易投资协定中的环境条款，将我国签订的双边或多边自由贸易协定的环境条款全面纳入我国生态环境保护规划；加快国内劳工标准适应性调整，在劳工问题领域统筹推进国内法治与涉外法治，进一步完善《中华人民共和国劳动法》《中华人民共和国劳动合同法》等法律，完善和改革我国相关劳动法律制度。

第三，积极参与全球治理体系改革。以更加积极的姿态参与全球治理体系改革和建设，统筹好国内经济制度建设，建立更加公正合理的国际经济新秩序，维护以世界贸易组织为核心的多边贸易体制，主动参与世界贸易组织改革，通过改革提高我国贸易和投资自由化便利化程度，积极应对试图修改全球自由贸易规则、威胁全球贸易仲裁体系的行为；积极参与全球经济治理体系改革，参与相关国际贸易投资规则的制订或修改，加快国内经济基础制度的适应性调整，提供更多全球公共产品，增强在规则变革中的话语权；支持开放、透明、包容、非歧视性的多边贸易体制，通过广泛签订双边或多边自由贸易协定助推国内市场经济体制改革，促进实现更高水平开放型经济新体制。

结语

新动能：首发经济、银发经济、冰雪经济……

朱克力

国研新经济研究院创始院长，中国（成都）低空经济研究院院长

消费是经济增长的"压舱石"和"稳定器"。2024年12月召开的中央经济工作会议一锤定音，提出要"全方位扩大国内需求"，强调要"积极发展首发经济、冰雪经济、银发经济"。

以首发经济为代表的新经济新动能，正在发力成长。

全球经济转型中的中国定位

2024年，上海再一次成为全球消费市场的焦点。法国奢侈品牌爱马仕在其位于上海的门店举办新品首发活动，吸引了世界各地消费者的目光。

这并非偶然。作为爱马仕全球重要市场之一，上海的四家门店中有三家销售业绩跻身全球前十。过去十年间，爱马仕大中华区在中国的销售额增长了五倍之多；未来十年，爱马仕上海门店数量预计将从目前的四家扩展至十家甚至更多。

这样的市场前景，展现出爱马仕对中国消费能力的信心，也验证了上海作为全球新品首发地的吸引力。

上海并非唯一一座走在首发经济前沿的城市，但其发展速度和深度无疑具有标杆意义。根据统计数据，2024年1—7月，上海新增首店770家，同比增长16.5%。[①] 截至2024年一季度，450家国际品牌首店在上海亮相，同比增长55%。[②]

这些亮眼的数据，描绘出一幅繁荣的商业画卷，也揭示了首发经济背后的深层逻辑。

在全球经济增长乏力的大背景下，世界各主要经济体正经历一场深刻的结构性调整。传统的高速增长模式，逐渐让位于以高质量发展为核心的经济转型。

生产过剩、资源紧张、环境压力等全球性挑战让单纯追求速度的增长方式难以为继，而创新驱动、绿色发展与高效循环则成为新经济逻辑的关键词。在这一大趋势下，中国以独特的战略定位和发展实践，凸显全球经济转型的关键角色。

作为世界第二大经济体，中国经济独善其身的同时，还承担着拉动全球经济增长的重任，更在探索新发展模式上提供了丰富的经验。2020年十九届五中全会提出的"以国内大循环为主体、国内国际双循环相互促进"的新发展格局，正是中国应对这一时代命题的具体体现。

其中，对于"首发经济"的强调，就是从消费侧发力的一个重要体现。当前，首发经济已从最初的"首店经济"，进化为涵盖品牌首店、产品首发、模式首测、技术首展、设计首秀、艺术首演等

[①] 上海首店经济再创新高，今年前7月新增770家首店 [OL].[2024-08-13].https://www.jingan.gov.cn/rmtzx/003008/003008004/20240813/2253f326-6b2c-42ac-ae3b-ef2372b4bc1e.html.

[②] 2024上海全球新品首发季正式启动，再度掀起首发经济的新热潮！[OL].[2024-04-26].https://www.shanghai.gov.cn/nw31406/20240429/cd085f2b1ac54f36912b471a42b90423.html.

全链条发展的综合性经济模式；既承载着品牌和城市的经济利益，更成为消费升级、产业转型的催化剂。

对消费者而言，首发经济提供了新鲜感和参与感。

2024年夏天，一家苏州奶茶品牌在杭州开设首店，吸引了大批消费者驻足，最长排队时间甚至超过10小时。这种对"首"的狂热，既体现出消费者对新事物的期待，也展现出首发经济在激发消费活力方面的巨大潜力。

这种新鲜感并不局限于小众品牌。2024年11月，在第七届中国国际进口博览会上，400多项新产品、新技术和新服务首次亮相，成为展会的重要亮点。2024年3月28日，小米集团的首款新能源汽车SU7发布，自发布开始，27分钟内订单突破5万台，这充分说明了首发经济将消费者的好奇心转化为了购买力。

首发经济对企业的意义并非只在于推动销售额增长，更在于通过首发活动获取市场先发优势和品牌溢价。这为企业提供了一个试验场，帮助品牌快速验证新产品和新模式的市场接受度，同时优化产品和服务。

首发经济对产业升级的推动也不可忽视。

安踏在上海武康路开设的"零碳使命店"，看起来是一家服装零售店，其实融合了环保、互动、展览等多重功能。这家店里的每件商品都经过环保认证，成为可持续发展的范例。

首发经济能为企业创造价值，同样为城市带来多重红利。

近年来，首发经济已成为许多城市提升竞争力的重要抓手。上海早在2018年就提出了"首店经济"概念，并逐步升级为"首发经济"。对此，上海市政府推出了一系列激励政策，包括为高能级首店提供高达100万元的补贴，以及对有国际影响力的首发活动的场地租赁、展台搭建等费用给予30%的补贴。这样的真金白银体现出上海以政策加码激发商业活力的决心。

要论"首发之城",上海显然当之无愧,而北京、广州、杭州等地,也在积极布局首发经济。2024年上半年,北京新增首店485家,广州引入205家品质首店,杭州则引入110家,同比上涨18%。

深圳也不遑多让。从2022年开始,深圳以年均引进300家、三年引进超千家首店的速度领跑全国,平均每天都有一家首店在深圳开门迎客。

这些城市通过发展首发经济,逐步形成了差异化的竞争格局,既增强了城市商业活力,也拓展了经济发展新空间。

新动能的内涵与理论基础

作为一种创新驱动的经济模式,首发经济是企业通过发布新产品,推出新业态、新模式、新服务、新技术,乃至开设首店等活动而形成的综合性经济现象。它涵盖了企业从产品首次发布、首次展出到首店开设、首次设立研发中心,甚至企业总部落地的全过程发展。

首发经济强调时尚、品质和新潮,既符合消费升级的趋势,也契合高质量发展的要求;既是一种经济行为,更是一种能够反映区域商业活力、消费实力、创新能力和国际竞争力的重要经济形态。我们不妨通过具体案例,深入剖析首发经济的内涵和其背后的理论基础。

第一,经济的内涵首先体现在细节化创新上,这意味着在产品和服务层面的推陈出新,以及在供应链、技术应用和市场运营上的细致优化。

2017年,苹果公司在芝加哥河畔开设了一家全球首创的"屋顶飞船"设计零售店，其屋顶由碳纤维材料制成，既环保又富有未来感，完美契合了该市的建筑风格和消费者审美。这一创新并不只是在物理层面引发关注，也通过独特的设计语言提升了苹果品牌的文化内涵和消费者黏性。

第二，试点化实验是首发经济的重要特征之一。通过小规模的试验性推出，企业可以验证新产品、新技术的市场接受度，降低试错成本，同时为大范围推广积累宝贵经验。

宜家家居近年来推出了"小型城市店"这一全新的零售模式，并选择巴黎作为试点城市。这种小型城市店面积较传统宜家门店缩小一半，且位于市中心，主要销售家居饰品和厨房用品。

通过在巴黎的试点实验，宜家成功吸引了更多城市消费者，并根据反馈进一步优化其产品线和服务方式。这种模式后来扩展至其他城市，推动了宜家的全球市场战略升级。

第三，标杆化引领是首发经济中引导消费趋势的重要方式。通过具有行业标志性的首发事件，企业能够吸引广泛的市场关注，并塑造新的行业标准。特斯拉选择在2019年上海国际汽车工业展览会上，亚洲首发了其新款电动车型 Model Y。上海作为全球重要的汽车市场，吸引了来自世界各地的消费者和行业专家。Model Y 的首发活动，显然有利于推动电动车市场的繁荣，同时通过其先进的自动驾驶技术和环保理念，为全球汽车行业树立创新标杆。

第四，从理论视角来看，创新扩散理论是首发经济的核心支撑之一。该理论指出，创新的成功推广依赖于从"早期采纳者"到"大众市场"的扩散路径。华为在2019年于慕尼黑发布了首款5G智能手机 Mate 30 Pro。这一产品通过首发活动成功吸引了全球科技爱好者，成为市场热议的焦点。随后，随着消费者的接受度逐步提高，Mate 30 Pro 的市场覆盖面迅速扩大，进而巩固了华为在智能手机市场的地位，也加速了 5G 技术在全球的普及。

第五，需求创造理论则帮助人们理解，首发经济如何通过塑造全新消费场景来满足潜在需求。2019 年，星巴克在中国推出了全球首家"咖啡奇幻乐园"体验店——位于上海的星巴克臻选烘焙工坊。这家门店在提供咖啡饮品的同时，还结合了增强现实（AR）技术，为消费者打造沉浸式的咖啡制作体验。这一场景化的创新无疑满足了消费者对新奇体验的需求，也创造了更高的消费黏性。通过这种需求的创造和场景的构建，星巴克有效实现了品牌溢价，并推动了咖啡文化的深入传播。

第六，协同经济学进一步解释了首发经济背后的多方合作逻辑。政府、企业和消费者在这一过程中扮演了关键角色。以北京为例，在 2024 年出台了鼓励首发经济发展的专项政策，为符合条件的国际品牌首店提供资金支持。这种政策支持，吸引了多个国际品牌选择北京作为首发地。同时，消费者对新鲜事物的积极参与，进一步推动了市场的活跃度和企业的持续创新。

第七，首发经济对城市竞争力的提升具有重要意义。成都近年来通过发展首发经济，不仅成功吸引了多个国际品牌和文化活动落地，而且本地品牌也通过首发经济崛起。成都本土的茶百道品牌在国际茶饮展上发布了全新的产品系列，并获得了国际市场的积极反馈。这种全球与本地的双向互动，丰富了城市经济生态，也推动了区域经济的高质量发展。

首发经济以其丰富内涵和深厚理论基础，展现了对企业、消费者和城市发展的多重价值。从细节化创新到试点化实验，再到标杆化引领，首发经济通过实践和理论的结合，为中国经济转型提供了重要动力。

在国际化背景下，首发经济既是满足消费升级的有效方式，更是推动高质量发展的重要引擎。通过一系列具体案例的验证，我们可以更加清晰地看到首发经济在创新驱动、需求创造和协同效应中的强大潜力。

这一经济模式的繁荣，将为未来经济发展开辟更加广阔的空间。

新经济的意义与多重价值

在新经济新动能的意义上，首发经济的兴起改变了传统的商业逻辑，也在消费者、企业、政府政策以及国际经济视野中展现出多重价值。作为一种创新驱动的经济形态，首发经济通过释放多元主体的潜能，为经济高质量发展提供了强大动力。在以下各个层面，首发经济的意义与价值都得到了充分体现。

从消费者的角度看，首发经济精准地把握了当代消费升级的核心需求。随着消费者收入水平的提高和生活方式的转变，个性化、多元化的需求已成为消费市场的主流趋势。首发经济通过推出全新的产品与服务，激发了消费者的兴趣与热情。

此外，首发经济还通过升级体验带来全新的消费感知。以上海迪士尼乐园的"疯狂动物城"主题园区为例，这是全球范围内的首次亮相，其沉浸式的娱乐体验让消费者得以深度参与电影情境，获得前所未有的游玩感受。这种以创新和品质为核心的消费模式，在提高消费者满意度的同时，也激发了他们的购买欲望和消费潜力。

在企业层面，首发经济提供了一个获取市场先发优势的重要平台。企业通过首发活动可以快速抢占消费者心智，建立品牌认知。

2023 年，阿迪达斯选择在北京三里屯首发了其全新的环保运动鞋系列。这些运动鞋采用 100% 可回收材料制成，充分契合可持续发展的潮流。通过这一首发活动，阿迪达斯强化了其品牌的绿色形象，并成功吸引了环保意识较强的年轻消费群体。

与此同时，首发经济还为企业提供了一个试错的机会。通过在特定市场或人群中进行试验，企业可以迅速获取反馈并优化其商业模式。以宜家为例，其在上海推出的小型都市店模式正是通过多次试验和调整而成功落地的，并为未来扩展提供了实践依据。这种以小规模试验获取大范围推广经验的策略，降低了企业的运营风险，也使其创新收益得以最大化。

从政策的角度看，首发经济成为地方政府和企业协同创新的重要试验场。地方政府通过政策支持和资源整合，为首发经济创造了良好的发展环境，为企业提供了实实在在的支持，同时也激发了市场的活力。

更重要的是，首发经济的快速实践可以为地方政府积累经验，并将成功的案例推广至更大范围。成都在吸引国际品牌首发活动中积累了丰富经验，随后将这一模式应用到本地品牌的培育上，形成了"国际 + 本地"双驱动的首发经济格局。这种政策与市场的协同作用有利于推动首发经济发展，进而助力双循环战略目标的实现。

从全球视野来看，中国在全球产业链和价值链中的地位正在提升，首发经济无疑为此提供了新机遇。在国际经济形势不确定性加剧的背景下，首发经济成为中国创新能力和消费市场潜力的重要体现。苹果公司选择在上海发布其最新款 iPad，既是对中国市场的认可，也是对中国消费能力的高度重视。同时，中国本土品牌也在全球范围内崭露头角。华为通过其在慕尼黑发布的 Mate 30 系列手机，向全球展示了中国科技企业的研发实力和市场竞争力。

首发经济在这种双向互动中，增强了中国企业在全球市场中的话语权，提升了中国在国际产业链中的核心地位。更为重要的是，首发经济通过推动全球化与本土化的深度融合，为国际品牌和中国市场的合作提供了新的模式。一方面，国际品牌通过在中国市场的首发活动，能够更好地理解和适应中国消费者的偏好。另一方面，中国品牌通过参与全球首发活动，也能更有效地走向国际市场。李宁在巴黎时装周的首秀通过融入中国传统文化元素，成功引起了国际市场的关注，在打开欧洲市场大门的同时，也为中国文化输出提供了新的载体。

首发经济的价值和意义体现在其对消费者需求的精准满足、对企业创新的助推、对政策实践的促进以及对全球经济格局的影响等多个方面。

在这一过程中，消费者通过首发经济获得了更丰富的选择和更优质的体验；企业通过首发活动实现了创新收益的最大化；政府通过政策引导推动了首发经济的繁荣发展；而中国作为全球产业链的重要参与者，通过首发经济实现了更高层次的价值创造。

随着首发经济等新业态新模式不断成长，未来，新经济新动能的作用将进一步凸显，成为推动中国经济高质量发展不可或缺的动力源泉。

当然，除了首发经济，还有许许多多的新经济新动能，包括冰雪经济、银发经济、谷子经济，还有数字经济、低空经济、平台经济，以及县域经济、海洋经济、湾区经济，推动着千行百业的产业转型、千家万户的消费升级……

新经济新动能的大幕，正在徐徐拉开。